VIAJES
FANTÁSTICOS

To Tracy David Terrell,
who loved storytelling.

The Storyteller's Series

Viajes fantásticos
Ladrón de la mente

THE STORYTELLER'S SERIES

VIAJES FANTÁSTICOS

SECOND EDITION

ELÍAS MIGUEL MUÑOZ

Boston   Burr Ridge, IL   Dubuque, IA   Madison, WI
New York   San Francisco   St. Louis
Bangkok   Bogotá   Caracas   Lisbon   London   Madrid   Mexico City
Milan   New Delhi   Seoul   Singapore   Sydney   Taipei   Toronto

McGraw-Hill Higher Education

A Division of The McGraw-Hill Companies

This is an ⊡ book.

Viajes fantásticos

0 WFR/WFR   0

ISBN-13: 978-0-07-231009-2
ISBN-10: 0-07-231009-X

Vice president/Editor-in-chief: Thalia Dorwick
Executive editor: William R. Glass
Senior development editor: Scott Tinetti
Development editor: Ina Cumpiano
Senior marketing manager: Karen W. Black
Project manager: Richard DeVitto
Production supervisor: Pam Augspurger
Designer: Vargas/Williams Design
Cover designer: Vargas/Williams Design
Cover illustrator: Don Baker
Photo research coordinator: Nora Agbayani
Compositor: Eisner/Martin Typographics
Printer: QuadGraphics, Fairfield

Grateful acknowledgment is made for use of the following photographs:
Page 1 © Polly Hodge; *3* © Robert Frerck/Odyssey Productions; *4* © Polly Hodge; *11* © Chip and Rosa María de la Cueva Peterson; *14* © Marisol Diaz/Latin Focus; *25* The Bettmann Archive; *26* © D. Donne Bryant; *28* from the Codex Mendoza, courtesy of the Bodleian Library, Oxford, ms. Arch. Selden A. 1. Folio 67r; *29* courtesy of the Trustees of the British Museum; *30* The Bettmann Archive; *31* © Nigel Atherton/Tony Stone Images; *39* © Robert Frerck/Odyssey Productions; *40* © Robert Frerck/Odyssey Productions; *49* © Neg. no. 326597, courtesy of the Department of Library Services, American Museum of Natural History; *54* from the Codex Mendoza, courtesy of The Bodleian Library, Oxford, ms. Arch. Selden A. 1. Folio 60r; *61* The Bettmann Archive; *67* Mary Evans Picture Library; *75* Mary Evans Picture Library; *78* courtesy of the Biblioteca Nazionale, Florence, photo by M. Schioppetto, La Photographie; *79* © Stuart Cohen/Comstock; *92* © Mark Godfrey/The Image Works.

Library of Congress Cataloging-in-Publication Data
Muñoz, Elías Miguel.
Viajes fantásticos / Elías Miguel Muñoz.—2nd ed.
    p. cm.
ISBN 0-07-231009-X
    1. Spanish language—Readers. I. Title
    PC4117.M86 1999
    468.6'421—dc21
                                                    99-048570

http://www.mhhe.com

Contents

Preface

Pleasure Reading

Pleasure reading is without a doubt one of the most effective means to helping students improve in a second language. There is overwhelming evidence that reading for pleasure is highly beneficial for language acquisition and literacy development. Research studies have shown that those who read more read better, write with a more sophisticated style, have larger vocabularies, spell more accurately, and have a deeper understanding of complex grammatical structures. In fact, research strongly suggests that time spent pleasure reading is more beneficial for language development than time spent in direct instruction.[1]

Pleasure reading has numerous other benefits. It is an important source of knowledge and ideas. Studies show

---

[1]For a review of the research on the benefits of reading, *see* Krashen (1993), *The Power of Reading.* Englewood, Colorado: Libraries Unlimited.

that those who read more know more.[2] By definition, pleasure reading is also very enjoyable. According to Mihaly Csikszentmihalyi, a researcher in psychology at the University of Chicago, this type of reading induces a state of "flow," deep but effortless involvement, in which the concerns of everyday life disappear. Flow, in turn, induces "enjoyment," which, Csikszentmihalyi argues, is different from physical or biological pleasure. Although flow can result from a number of activities, reading "is currently perhaps the most often mentioned flow activity in the world."[3]

For those concerned about the relationship between reading for pleasure and the study of literature, we have good news: Reading for pleasure may lay the foundation for the appreciation of literature. A group of researchers (Davis, Kline, Gorell, and Hsieh) recently investigated predictors of positive attitudes toward literature among students enrolled in sixth-semester foreign language literature classes. Leisure reading was one of the strongest predictors. Those who had done more leisure reading in a foreign language reported more positive attitudes toward the study of literature.[4]

Pleasure reading may be part of the bridge that the foreign language teaching profession has been looking for

[2]Research reviewed in Krashen (1990). *How Reading and Writing Make You Smarter, or, How Smart People Read and Write*, J. Alatis (Ed.), Georgetown University Round Table on Languages and Linguistics, 1990 (364–376). Washington, D.C.: Georgetown University Press.

[3]Csikszentmihalyi, M. (1990). *Flow: The Psychology of Optimal Experience*. New York: Harper Perennial.

[4]Davis, J., Kline, R., Gorell, L., and Hsieh, G. (1992). "Readers and Foreign Languages: A Survey of Undergraduate Attitudes Toward the Study of Literature." *Modern Language Journal*, 76: 320–332.

between beginning language courses and the study of literature. A student who has read extensively for pleasure will be much better prepared for more difficult input.

Our challenge is to provide beginning language students with reading that is both pleasurable and comprehensible. It is fairly easy to satisfy one of the two requirements of pleasure and comprehension, but not both. Interesting readings are readily available; the real world is full of good books. Comprehensible readings are also easy to find; beginning language textbooks, for example, are full of accessible practice materials. But *authentic* readings are usually not comprehensible to language students, and the comprehensible readings we usually find in textbooks are not always interesting.

The Storyteller's Series provides students of Spanish with comprehensible reading material and hopes to inspire in them the desire to read more. The stories in this series take advantage of the principle of *narrow input*, the idea that comprehension and thus language acquisition increase when the reader reads a great deal in one area, on one topic, or reads works by a single author. Instead of short passages or brief excerpts, these readers provide students with full-length novellas. Because of the familiar context provided by the novellas, such long texts are much more comprehensible, and therefore result in more language acquisition.

How to Use *The Storyteller's Series*

The best way to use this series is as leisure reading. No prereading activities are necessary; prereading activities are only needed when the text facing the student is too difficult or when he/she lacks necessary background information. But readers don't need special background knowledge in order to follow the stories in *The Storyteller's Series*. Also, because these texts are designed to be read for *pleasure*, students should not feel "forced" to read them. If the story a student is reading is too difficult, if there are too many unknown words (*see below*), then the student should not be reading that story. We recommend that he/she first read something easier and try the story later.

Activities are provided for each story at the back of the book and are meant to be done after students have read the entire piece. These activities were not designed as comprehension-checking exercises, nor were they supposed to reinforce grammar or vocabulary; rather, they were written to help stimulate interesting discussion of the meaning of the story and to relate its themes to the students' lives. In other words, these **Actividades** treat the texts as literature, not as pedagogical exercises. Through classroom discussion, students will get additional comprehensible input and deepen their appreciation for what they have read.

No comprehension checking is necessary. When reading is meaningful, the act of reading itself provides its own comprehension check. If the story makes sense, the reader is clearly understanding it.

Nor are there vocabulary exercises in *Viajes fantásticos* or the other *Storyteller's* books. Research has shown that preteaching vocabulary before reading is of doubtful value, and we expect students to *acquire* vocabulary as they read. Studies indicate that each time we see an unfamiliar word in print, we acquire a small portion of its meaning, eventually building up to the full meaning of the word.

We recommend that when students encounter an unfamiliar word, they first try to skip it. Ironically, this practice will result in more vocabulary acquisition, not less. If readers skip unknown words they will read more, and acquire more words from context; if they stop to look up every new word they will read less, and, of course, reading will then become a tedious activity devoid of the pleasure we are trying to induce.

When a word cannot be skipped because it is truly essential to the meaning of the passage, we encourage students to *guess* at the word's meaning. If the student guesses correctly, the text will make sense. If the student guesses incorrectly, the text will probably not make sense and the student will guess again. In those cases where guessing doesn't work and a word is essential, the student can look it up in the glossary provided at the end of this book or in a dictionary. We anticipate that this will not happen very often in our series.[5]

Reading can be done in class or as homework. Some instructors prefer to set aside five to ten minutes per period for "sustained silent reading" and/or to read the initial portions of the stories out loud to students in class. This in-class reading helps to get the students involved in the text and to whet their appetites for reading at home.

Our hope is that readers of *The Storyteller's Series* will be reading for pleasure in Spanish long after their courses end. If they continue to read, they will continue to improve their language abilities, whether native speakers are available to them or not. In addition, they will gradually gain a deep appreciation for another culture while engaging in an activity that is profoundly enjoyable.

---

[5]The strategy recommended here is for use in extensive reading, not intensive reading. In intensive reading, readers cannot risk skipping words. The strategy of skipping words, then guessing, is ideal, however, for extensive pleasure reading; it explains why leisure reading is such a good way of building vocabulary knowledge and developing other aspects of language and literacy competence.

Changes to the Second Edition

The revision of the two stories in this book was a thorough one that incorporated many exciting suggestions by readers and adopters. The rewritten text has retained the essence of the first-edition stories. Its main objective, as before, is to provide a pleasurable reading experience. But *Viajes fantásticos* now features material that is even more readable and thought-provoking. Numerous subtle changes were made, as well as some major ones. The most important changes are as follows:

Mi querida cuñada

- **Events in the Present.** The story was rewritten in the present tense in order to bring the narrated events closer to the reader. Now the narrative is even more accessible to first-year students, and the new tale has an engaging feel of immediacy and suspense.
- **The Protagonist.** Vicente is more fully developed. During his conversation with Marie, some of his key characteristics are brought forth. Thus Vicente's description of himself at the end confirms what we know about him already. Those personal details the character offers round out his story and enhance the surprise ending.
- **A New Structure.** The text now has six sections instead of four. The new structure provides a more relaxed pace and gives the reader "breathing room" to comprehend and enjoy the story.
- **Culture.** To enrich the tale's cultural context, two important places on the island are now mentioned: the University of Puerto Rico in Río Piedras and the Pablo Casals Museum. A photo of several delicious Puerto Rican dishes has also been added.

- **Activities.** All activities have been revised. They continue to provide historical and cultural information and to present engaging topics. But they are now more personalized, and new activities have been written to reflect changes in the story, such as the added focus on Puerto Rican cuisine.

El último sol

- **The New Narrator.** Some readers observed that the first part of the story seemed fragmented, its tone detached. And the author agreed with this observation! Thus he rewrote **Parte I** as a first-person account in the voice of Daniel Flores. Now this section is narrated by the same engaging character who eventually travels in time. His intimate storytelling voice is believable and realistic.
- **History.** The theme of history is brought forth more emphatically throughout the story and also featured in the **Actividades.** History is the key to understanding and enjoying this tale, so it now plays a major role in Daniel's account. More than before, history is tied to the message implicit in *El último sol.*
- **Not Just a Dream.** The author felt that having a protagonist "wake up and realize it was all a dream" was too easy a resolution. So, for this second edition, he developed a more elaborate context for the character's journey. There is a recurring motif that ties all three parts of the story together, and that makes the "dream" only one of several possibilities. Look for this new motif!
- **A New Structure.** **Parte II** of the story now has three chapters instead of four. It mirrors **Parte I,** which also has three chapters. Even more importantly, this new structure allows for a natural and less fragmented narrative flow.

- **Activities.** All activities have been revised. They continue to provide historical and cultural information and to present engaging topics. But they are now more personalized, and new activities were written to reflect changes in the story, such as the emphasis on Mexican history.

Mi querida cuñada

Uno

Este mes en San Juan ha sido[1] estupendo: playa, fiestas, gente chévere.[2] Pero las vacaciones de verano ya terminan. No me queda dinero y, la verdad, quiero volver a Quebradillas, mi pueblo. Por eso estoy aquí, a las afueras de San Juan, tan temprano en la mañana. Voy a tratar de pedir pon[3] hasta Quebradillas: ochenta millas más o menos. ¡Ojalá no tenga que esperar mucho tiempo!

Después de media hora de espera, me recoge el conductor de un camión de carga; es un hombre mayor de aspecto amistoso. El interior del vehículo tiene un fuerte olor a sudor. Una estampa de la Virgen cuelga del espejo retrovisor y en la guantera[4] está pegada la foto de dos mujeres. El camionero se da cuenta de que estoy observando la foto.

—Son mis hijas, Laura y María —comenta, sonriendo—. Laura es la menor.

---

[1]*Editor's note:* **Ha sido,** which in English means (*it*) *has been,* is an example of the present perfect tense. The present perfect conveys the meaning *to have done something;* it is created by combining the appropriate present-tense form of the auxiliary verb **haber** (*to have:* **he, has, ha, hemos, habéis, han**) with the past participle of the main verb. The past participle is formed in most instances by adding **-ado** to the stem of **-ar** verbs, and **-ido** to the stem of **-er** and **-ir** verbs. Thus, *I have talked* would be **he hablado,** *you have eaten* would be **has comido,** and so on. Irregular past participles are glossed in this book. [2]*super, cool (coll. P.R.)* [3]*pedir... to hitch a ride (coll. P.R.)* [4]*glove compartment*

Vista aérea de San Juan, capital de Puerto Rico. La ciudad se encuentra en una península al nordeste de la isla.

—Qué bonitas son —le digo. Pero eso no es cierto; sólo una de ellas me parece bonita.

Le pregunto sobre su carga, y me responde que normalmente transporta un poco de todo. En este viaje lleva productos para un supermercado. Me explica que no puede llevarme muy lejos; va a recoger a dos amigos en un pueblito a unos treinta kilómetros de San Juan. En su camión, obviamente, no hay espacio para cuatro personas.

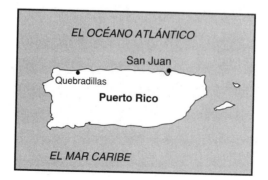

Puerto Rico.

◇

El camionero me inspira confianza. Es una pena[5] que no pueda hacer todo mi viaje con él. Tengo deseos de conversar y no quiero seguir pidiendo pon. Además, me siento un poco mal, con mareo[6] y dolor de cabeza. Las cosas se ven desenfocadas,[7] como a través de un cristal opaco.

Qué extraño. El único objeto que puedo distinguir claramente es la foto de las dos muchachas. Una es hermosa, de pelo castaño y mirada tierna. Parece ser la más joven, por lo cual asumo que es Laura. La otra podría[8] ser bonita, pero lleva demasiado maquillaje.

Cierro los ojos por unos segundos y trato de calmarme. Cuando los abro, el mareo ha pasado y me siento mejor. Noto que estamos acercándonos a un pueblito. Veo

---

[5]*Es... It's a pity*   [6]*nausea, dizziness*   [7]*out of focus*   [8]*Editor's note:*
Podría, which in English means (*it*) *could,* is an example of the conditional tense. The conditional tense conveys the meaning *would do* (*something*) and is generally formed by adding a special set of endings (**-ía, -ías, -ía, -íamos, -íais, -ían**) to the infinitive of the verb. Thus, *I would go* is **iría** (**ir** + **-ía**), *you would be* is **serías** (**ser** + **-ías**), and so forth. Irregular conditional verbs are glossed in this book.

a dos hombres que nos hacen señas.[9] El camionero se detiene y ellos suben al camión, después de bajarme yo.

—Buena suerte —me dice el conductor—. ¡Siento mucho no poder llevarlo a Quebradillas!

Y el camión desaparece en la distancia.

---

[9]nos... *are waving to us*

Dos

Conozco todos los pueblos entre San Juan y Quebradillas, pero no recuerdo este lugar tan desolado. No se ve a nadie en las calles. ¿Dónde estoy? ¡Hace tanto calor! Camino hasta la pequeña plaza y me siento a descansar.

Estoy a punto de quedarme dormido... Pero no, no puedo dormir ni descansar, porque veo que un monstruo se acerca lentamente. Es rojo y enorme. ¡Tremenda alucinación!

Al dar unos pasos, descubro que el supuesto «monstruo» es en realidad un Cadillac. Lo conduce una mujer. Le hago señales para que me dé pon y ella asiente con la cabeza. El carro se para y puedo entonces observar de cerca a la mujer que lo maneja. Tiene la cara delgada, muy maquillada, y su cabello rubio parece una peluca.[10] Lleva puestos unos guantes azules.

Saludo a la señora amablemente, subo al carro y tiro mi mochila en el asiento de atrás. Luego salimos de allí.

—¿Va usted muy lejos? —me pregunta ella, sonriendo.

—Voy a Quebradillas —le contesto.

—¡Perfecto! Para allá voy yo también. Me alegro mucho, porque no me gusta viajar sola. ¿Es usted de Quebradillas?

---

[10]*wig*

—Sí, de allí soy. Me llamo Vicente.

—Mucho gusto, Vicente. Mi nombre es Marie; se pronuncia *Marí*, con acento en la *í* como en francés.

La observo otra vez. Nunca antes he visto[11] a esta señora y, sin embargo, su cara me es familiar. Hay algo en ella, su mirada quizás, que me da la impresión de conocerla. Pero, ¿de dónde?

—Usted es estudiante, ¿verdad? —me pregunta Marie, y no espera mi respuesta—. A ver, déjeme adivinar.[12] ¡Sí! Estudia... periodismo en Río Piedras.[13] ¿A que no me equivoco,[14] Vicente?

—Pues sí se equivoca, señora. No estudio en ninguna universidad.

—Ay, cuánto lo siento. Es que no todo el mundo tiene cabeza para los libros...

Me molesta el obvio tono de lástima con que me trata esta mujer. Seguramente piensa que soy un pobre idiota, un vagabundo. No tengo ganas de explicarme, de hablar de mí mismo. Pero a la vez quiero dejar muy claro quién soy.

—Me gusta leer y aprender —afirmo—, pero no por obligación. ¿Comprende, Marie?

—¡Claro que comprendo!

—Se me dan muy bien[15] los números, las matemáticas, pero nadie me ha enseñado lo que sé. Lo he aprendido todo por mi cuenta.[16]

—¡Qué interesante! —exclama Marie, otra vez sonriendo—. Es que usted es un verdadero autodidacta,[17] Vicente.

---

[11]*seen*   [12]déjeme... *let me guess*   [13]Río... *University of Puerto Rico, Río Piedras: the most important university on the island, located in the suburb of Río Piedras in southern San Juan. The university was founded in 1903 and has campuses in Mayaguez and other regions of the island.*   [14]¿A que... *I bet I'm not wrong*   [15]Se... *I have a knack for*   [16]por... *on my own*   [17]*self-taught person*

—Supongo que sí —digo, y trato de guardar silencio. Pero no será[18] fácil.

Empiezo a comprender que Marie me dio pon porque quería conversar con alguien, o más bien torturar a alguien con sus interminables cuentos. ¡Qué suerte la mía!

—Dígame, Vicente —me pregunta después de unos minutos—, ¿le gusta San Juan?

—Sí, bastante. Voy cada vez que puedo.

—A mí también me gusta. San Juan tiene su encanto, hay que admitirlo. Restaurantes de primera, teatro clásico, algunos museos respetables como el Pablo Casals[19]...

—Oiga —le digo, interrumpiéndola—, yo no puedo darme el lujo de comer en «restaurantes de primera», no me interesa el teatro y mucho menos los museos. Así que usted y yo vemos San Juan de maneras muy diferentes.

—¡Sin duda! Pero, si no va a los museos ni al teatro, ¿qué hace usted en esa ciudad?

—¡¿Que qué hago?! —exclamo, riéndome—. Pues, ¡divertirme! Paso mucho tiempo en la playa con mis amigos, voy a fiestas, a los clubs, al cine. Hago lo que hace la gente joven.

---

[18]*Editor's note:* **Será,** which in English means *it will be,* is an example of the future tense. The future tense in Spanish is usually formed by adding a special set of endings (**-é, -ás, -á, -emos, -éis, -án**) to the infinitive form of the verb. Thus, *I will go* is **iré** (**ir** + **-é**), *you will see* is **verás** (**ver** + **-ás**), and so forth. Irregular future-tense verbs are glossed in this book.   [19]*Pablo Casals (1876–1973): renowned cello player and composer originally from Spain. He set down roots in Puerto Rico after the Spanish Civil War in 1939. In Puerto Rico, Casals founded the Symphony Orchestra, the Music Conservatory, and the Casals Music Festival. The museum that is named after him offers an exhibit of manuscripts and photographs; it also features a music library and the maestro's cello.*

—Ya veo —expresa Marie, obviamente contrariada[20]—. ¿Y ha estado en Nueva York?

—No, nunca he salido de Puerto Rico.

—Pues si yo tuviera que[21] escoger entre San Juan y Nueva York, ¡me quedaría con la Gran Manzana! Esos imponentes rascacielos, esos espectáculos sensacionales de Broadway... Viví los mejores años de mi vida en Nueva York. Pero después de morir mi esposo, decidí volver a Puerto Rico y residir en San Juan.

—¿Y eso por qué?

—Ay, Vicente, es que esta minúscula[22] isla tarde o temprano llama a su gente. Nos busca, nos atrapa. Pero, a decir verdad, regresé más que nada por mi hermana.

—¿Dónde vive su hermana?

—En Quebradillas, claro. Por eso voy para allá. Ella es muy buena, una mujer muy fuerte. La pobre, desde que se casó con Vicente... ¡Ay! ¡Qué casualidad! Mi cuñado se llama Vicente, como usted. En fin, como le decía, desde que se casó con él, no ha podido salir de ese pequeño infierno. Mi hermana dice que le gusta vivir en el campo, pero...

—Quebradillas no es campo —comento, defensivo—. Es casi una ciudad.

—¡Por Dios, Vicente! Ese lugar es más pueblo que ciudad y más campo que pueblo.

—Si usted lo dice.

—Sé muy bien lo que le digo, sí. Yo nací en Quebradillas.

—Pero, señora, ¿cómo puede hablar tan mal del lugar donde nació?

—No hablo mal —contesta ella, muy calmada—. Sólo digo la verdad. Es cierto que por estar en la costa, Quebradillas tiene el atractivo del mar y un clima ideal, aire

[20]*annoyed* [21]si... *if I had to* [22]*small*

limpio. Pero toda la gente de allí es tan provinciana. ¿No cree usted?

—No. No creo.

—Perdone, Vicente. A veces hablo sin pensar. Usted es de Quebradillas y entiendo que se sienta ofendido.

—No me importa lo que usted piense de mi pueblo. Yo estoy orgulloso de ser de ese «pequeño infierno».

—Bueno, debo admitir que mis sobrinos se están criando muy saludables en Quebradillas. ¡Ay, quiero tanto a esos niños! Yo no pude tener hijos; mi hermana y sus dos hijos son toda mi familia. Por supuesto que excluyo a mi cuñado. Vicente es muy buen padre, pero es tan mediocre ese hombre, tan insignificante. Nunca quiso estudiar una carrera. Ha tenido una serie de trabajos de mala muerte[23] y ahora es cajero en un banco. Bueno, este último empleo por lo menos paga bien. ¡A ver cuánto le dura![24]

Marie no deja de hablar. Para aliviarme de su voz, me concentro en el paisaje. Por la ventanilla veo pasar palmeras, nubes y colinas verdes. Los flamboyanes[25] a lo largo de[26] la carretera —altos, hermosos— dan la impresión de formar un túnel. Viajamos a través de ese túnel que es de un color rojo intenso, y está lleno de luz.

—¡Qué graciosos son esos niños! —exclama Marie, hablando otra vez de sus sobrinos—. ¡Y qué inteligentes! Mire, le muestro una foto...

Marie saca de su cartera la foto de un niño y una niña que tendrán[27] de seis a ocho años.

---

[23]trabajos... *dead-end jobs*   [24]¡A... *We'll see how long he can keep it!*
[25]árboles de hermosas flores rojas que crecen en los países del Caribe
[26]a... *alongside*   [27]*probably are*

Los flamboyanes, hermosos árboles de flores rojas, son una presencia constante en los paisajes de Puerto Rico.

—Sí, son hermosos —admito sinceramente.

Me sorprende la confianza que la mujer pone en mí. Aquí estoy yo, un desconocido que podría ser un delincuente, y allí está ella con su cartera y sus billetes adentro. Qué fácil sería agarrar todo el dinero, saltar del carro y volver a San Juan. Pero no, yo no soy un ladrón. ¡Y me sorprende el haber tenido[28] esa fantasía criminal!

—¿Qué le parece si paramos a comer algo? —me pregunta Marie.

---

[28]el... *having had*

—Me parece muy bien —le respondo.

—¿A usted qué tipo de comida le gusta, Vicente?

—La que hace mi madre.

—Oh, pues a mí me gusta *la cuisine française.*[29] ¡Qué exquisitas salsas! La comida francesa es deliciosa, ¿no cree usted? Es para ser admirada y saboreada lentamente, con placer. Cuando como a lo francés me siento, ¿cómo diría yo?,[30] me siento *chic*... ¡Ay, espero no estar aburriéndolo, Vicente!

---

[29]la... *French cuisine* (*Fr.*)   [30]¿cómo... *how shall I say it?*

Tres

Nos detenemos a comer en un cafetín de esos que abundan a lo largo del camino. Me parece raro no ver a nadie adentro; es la hora del almuerzo y las pocas mesas del lugar están vacías. Marie y yo nos sentamos en una que está junto a la ventana.

—Señora —le digo—, quiero agradecerle...

—¡Por favor! —me interrumpe—. Llámeme Marie, con acento en la *í*. ¿Está bien?

—Bueno, Marie, le agradezco mucho el pon que me está dando.

—No me gusta viajar sola, Vicente, ya se lo dije. Para mí es un placer llevarlo a su pueblo.

—¿No le da miedo darle pon a un tipo como yo?

—¿Qué quiere decir con eso? Usted es simplemente un joven que desea regresar a su casa. ¿Por qué iba a tenerle miedo?

—Es que, hoy en día no se puede confiar mucho.

—Vicente, cuando yo miro a alguien, sé de inmediato qué tipo de persona es. Usted, la verdad, me inspira confianza.

—Qué bueno.

—Pida lo que quiera. Yo lo invito.

—Muchas gracias, Marie. Cuando lleguemos a Quebradillas, le devuelvo el dinero.

—¡Nada de eso! No tiene que devolverme nada.

La mesera aparece por fin. Es una mujer gruesa,[31] de unos cincuenta años. Su aspecto es amistoso y su sonrisa espontánea. Su presencia me hace sentir a gusto en este lugar vacío.

—Bienvenidos —dice.

—¿No nos trae el menú? —le pregunta Marie.

—Señora, el menú lo traigo yo aquí adentro —responde la mesera, tocándose la frente—. ¡Soy la dueña y también la cocinera! Mire, puedo servirle sopa de pollo, ensalada de lechuga y tomate, arroz con gandules,[32] tostones,[33] pan, arepas,[34] café, cerveza y agua. Es todo lo que tengo. ¿Qué le gustaría pedir?

—Ay, no sé —dice Marie, indecisa, mientras se quita los guantes—. Tráigame la sopa, dos arepas y un café.

El rico y típico arroz con gandules puede ir acompañado de tostones o arepas.

---

[31]*stout*   [32]*arroz... rice with pigeon peas*   [33]*fried green plantain slices*
[34]*fried, flat cornmeal cakes*

—¿Nada más? ¿No quiere probar el arroz con gandules? Es mi especialidad.

—No, gracias.

—Muy bien. ¿Y usted, señor?

—Tráigame un poco de todo. Tengo mucha hambre —digo, apuntando para Marie—. Y la señora invita.

—¡Por supuesto! —reacciona mi compañera de viaje.

Después de una comida sabrosa y casi tan buena como la de mi madre, continuamos nuestro viaje. Marie quiere seguir hablando, pero yo tengo sueño y pocas ganas de escucharla. Le digo que quiero dormir un rato y ella parece desilusionada. Enciende el radio, una estación de música clásica. ¡El trasfondo[35] perfecto para una buena siesta!

Duermo durante el resto del viaje y Marie me despierta cuando llegamos a Quebradillas. Miro a mi alrededor. Estamos cerca de mi casa.

—Déjeme aquí mismo, por favor —le pido.

—¿Está seguro? Puedo llevarlo a su casa.

—No es necesario, Marie. Aquí está bien.

Le doy las gracias y ella extiende su mano de guante azul. Tengo el impulso de besarle la mano como todo un caballero y así lo hago. Ella se muestra halagada[36] y un poco sorprendida.

—¡Venga a visitarnos, Vicente! —exclama—. Le van a caer muy bien mi hermana y sus hijos. Voy a quedarme con ellos una semana. ¡Venga a vernos!

—Sí, lo haré[37] —contesto, mintiéndole, porque no tengo el menor deseo ni la intención de ver a Marie otra vez.

---

[35]*background* [36]*flattered* [37]lo... *I'll do that*

Cuatro

P apá carga mi mochila y la lleva a mi cuarto. El viejo tiene esa sonrisa de felicidad que brilla en su cara cada vez que vuelvo de un viaje. Como siempre, me da un fuerte abrazo.

—Bienvenido, muchacho —me dice.

—¡Vicentico! —grita mamá, besándome—. ¡No te reconozco! ¿Estás enfermo, hijo?

—No, no estoy enfermo, mamá; sólo un poco cansado.

— ¡Mira qué delgado te has puesto[38]! Y tienes una barba de dos días por lo menos.

Qué bien se siente estar aquí. Siempre que paso algún tiempo en San Juan, me olvido de cómo es esta casa. Y en cada regreso experimento la misma sorpresa; es como verlo todo por primera vez. Me pongo a observar los cuadros de vivos colores, el papel floreado de las paredes, las lámparas de cristal, las flores en la mesa del centro.

Hoy, más que nunca, siento que la casa me da la bienvenida, que me recibe como lo hacen mis padres, con los brazos abiertos.

◇

Después de una noche de sueño tranquilo, me despierto con la primera luz del día y voy a la cocina. Allí encuen-

---

[38]te... *you've gotten*

tro a mi madre, quien me ofrece un cafecito fuerte y un abrazo.

—Qué alegría tenerte aquí, muchacho. ¡Te extrañé tanto!

—Mamá, pero si sólo estuve fuera tres semanas.

—Sí, y parece que no comiste nada en todo ese tiempo.

—¿Dónde está papá?

—En el campo. El trabajo del campesino empieza antes que el día, tú ya lo sabes.

—Oye, esto está delicioso —le digo, saboreando el café.

—Y espera que pruebes las arepas que te estoy haciendo. ¡Están para chuparse los dedos![39]

Pienso en lo que le dije a Marie, que la comida que más me gusta es la de mi madre. Es la verdad. Estando aquí con ella, en la cocina, no me puedo imaginar un mejor lugar en el mundo. El olor dulce a plátano[40] frito, el aroma del pan recién hecho, el sonido de las arepas cuando caen a la sartén[41] con grasa caliente, la voz de mamá. Esta cocina es el hogar,[42] la realidad, mi pueblo.

—A ver si esta noche estás de ánimo[43] para recibir a don Manuel —comenta mi madre.

—¿Don Manuel?

—Sí. Ese hombre se portó tan bien contigo. Vendrá[44] a visitarnos esta noche con su esposa.

—¿De qué don Manuel me hablas? —le pregunto, confundido.

—Del camionero, hijo. Te recogió a las afueras de San Juan y te trajo hasta la misma puerta de la casa. ¡Dice que durante el camino tuviste un desmayo![45]

—¿Un desmayo? Yo no recuerdo haberme desmayado.[46]

---

[39]¡Están... *They're finger-licking good!* [40]*ripe plantain* [41]*frying pan* [42]*home* [43]*de... in the mood* [44]*He will come* [45]tuviste... *you fainted!* [46]haberme... *having fainted*

—Claro, porque normalmente cuando uno se desmaya luego no recuerda nada, Vicentico.

—No entiendo.

—Es que el hambre y el cansancio te afectaron la cabeza. Yo te lo dije: No vayas otra vez a San Juan. ¡La capital corrompe a los jóvenes!

—No exageres, mamá.

—¿Que no exagere? Mira en qué condiciones te encuentras. Si no fuera por don Manuel, quién sabe dónde estarías ahora.

—Sigues hablando de ese hombre que no conozco.

—Vas a reconocerlo cuando lo veas, estoy segura. Tiene un corazón de oro ese don Manuel. Te llevó a un restaurante del camino y te hizo comer y descansar. Y no siguió su viaje hasta que te vio recuperado.

—¡Pero eso no es cierto, mamá! Yo volví a esta casa gracias a Marie, una señora que me recogió en su Cadillac, me invitó a almorzar y me dejó cerca de aquí...

—¿Quién dices que te trajo?

—¡Marí! —casi le grito, pronunciando el nombre con una erre francesa muy marcada.

—Ay, bendito.[47] ¿Pero estuviste... con una mujer, Vicente? ¡Y con una que tiene un nombre extranjero tan ridículo!

—Esa mujer sólo me dio pon, mamá. Viajé con ella.

—No, hijo —dice mamá, preocupada—. Aquí no llegó ninguna mujer contigo. Te trajo don Manuel. Yo misma los recibí.

Le describo a mi madre en detalle mi viaje con Marie. Se lo narro varias veces tratando de convencerla. Ella sólo me mira incrédula, me acaricia[48] la frente y me dice que todavía necesito mucho descanso y buena comida.

---

[47]*for heaven's sake (coll. P.R.)*   [48]*caresses*

◇

Ansioso por descifrar este misterio, le pido prestado el auto a un amigo. Quiero recorrer otra vez mi camino con Marie. Tengo que encontrar pruebas. Iré a ver a la dueña del café donde almorzamos. Ella seguramente recordará a mi compañera de viaje. Sí, esa mujer me sacará de dudas.[49] ¡Estoy seguro!

A mis padres les parece una locura mi plan. Mamá trata de comprender mi ansiedad, papá me escucha con paciencia. Pero ninguno de los dos entiende realmente la razón de mi búsqueda.[50] Se preguntan para qué debo yo regresar a San Juan, qué «verdad» tengo que buscar en ese camino.

—Por favor, Vicentico —me implora mamá—. Olvídate ya de esa tal «Ma-rrí». ¿Qué necesidad tienes tú de ir otra vez a ese lugar que te trastornó la cabeza[51]?

—San Juan no me trastornó la cabeza, mamá.

—No, ya lo sé, fue esa mujer quien lo hizo. ¿Por qué no tratas de olvidarla, hijo?

—No puedo, porque aquí todos piensan que estoy loco. Y yo tengo que probarles que no lo estoy.

—Nadie dice que estás loco, Vicentico. Lo que sí dice la gente... y es lo que creo yo también, es que cuando te desmayaste en el camión de don Manuel, probablemente tuviste un sueño. Y ahora piensas que ese sueño fue la realidad.

—¡Yo no me inventé ese viaje, mamá!

—Bueno, bueno —interviene mi padre—. ¡Anda! Busca esas pruebas que necesitas para convencernos. Pero déjame que vaya contigo, Vicente.

—No, papá. Necesito ir yo solo, y hacer esto a mi manera.

_____

[49]me... *will clear up my doubts*   [50]*quest, search*   [51]te... *drove you crazy*

Cinco

Recorro en el auto de mi amigo aquella ruta misteriosa. Casi puedo escuchar otra vez la voz de Marie, y veo un paisaje conocido por la ventanilla. El túnel rojo de flamboyanes refresca en mi memoria la presencia de aquella señora: sus guantes azules, su peluca rubia.

Llego por fin al cafetín donde Marie y yo paramos a comer. Hay mucha gente. Miro por todos lados, pero no encuentro a la mujer que nos sirvió. Una mesera joven se mueve rápidamente entre las mesas, atendiendo ella sola a tantas personas. Me le acerco y le digo que necesito hablar con la dueña.

—Ahora la llamo —me dice—. Pero está en la cocina, y muy ocupada, así que va a tener que esperar.

—No me importa esperar.

—Está bien. Siéntese y tome algo, si quiere.

Me siento y pido un café con leche. Pasan veinte minutos y por fin aparece la dueña y cocinera. Es la mujer que nos sirvió a Marie y a mí, ¡la misma!, gruesa, de sonrisa amable. Siento un alivio al verla. Después de saludarla, trato de explicarle por qué vine a hablar con ella.

—Hace unos días yo estuve aquí. ¿Se acuerda de mí?

—Sí —responde la dueña.

—¿Recuerda usted a la señora que vino conmigo? Fue ella quien pagó la comida. Tenía el pelo rubio y llevaba guantes azules...

La dueña se queda pensando unos minutos.

—A usted sí lo recuerdo —dice entonces—, pero a esa señora no. Usted llegó aquí con un camionero. El hombre venía muy preocupado porque usted se había desmayado[52] en su camión. Yo le puse compresas[53] en la frente y lo reviví con una sopa de pollo y con mi buen café.

—¿Está segura, señora? —digo, exasperado—. Piénselo bien.

—Por aquí pasa mucha gente, señor. Pero muy poca llega desmayada. A usted lo recuerdo perfectamente porque cuando entró tenía cara de muerto. ¡Estaba tan pálido!

—¿Y con quién llegué? ¿Quién me trajo?

—Ya se lo dije. Un camionero.

—¡No puede ser! Piense, señora, por favor: Yo entré en este restaurante con una mujer. Nos sentamos y ella pidió el menú. Usted le dijo que el menú lo tenía memorizado y entonces recitó todo lo que podía servirnos. ¿Recuerda? Sopa, ensalada, arroz, tostones, arepas, pan, cerveza, agua, café...

—Pero aquí servimos mucho más que eso —reacciona la dueña, medio ofendida—. ¡Y mire usted! —me muestra uno de los menús sobre la mesa—. Sí tenemos menú, y muy bonito que es. Lo diseñó mi hija.

—¡Escúcheme, señora! Aquel día no había menús. Mi compañera de viaje pidió sopa y arepas y yo pedí un poco de todo. Tenía mucha hambre. ¿No se acuerda? ¡Dígame que sí se acuerda!

—¡No sé de qué me habla! —exclama la mujer, temblando.

---

[52]*Editor's note:* **Se había desmayado,** which in English means *you had fainted,* is an example of the past perfect tense. This tense is created by combining the appropriate imperfect form of the auxiliary verb **haber** (*to have:* **había, habías, había, habíamos, habíais, habían**) with the past participle of the main verb. Thus, *I had gone* is **había ido,** *you had eaten* is **habías comido,** and so forth. Irregular past participles are glossed in this book.   [53]*cold packs*

—¡Todos quieren hacerme creer que estoy loco! —le grito— ¡Todos!

La señora me amenaza con llamar a la policía si no me voy inmediatamente. Algunos de los clientes se me acercan; un hombre me agarra por el cuello.[54]

—¡Fuera de aquí! —me ordena, y yo obedezco.

Confundido, me voy del restaurante.

Al parecer mi madre tiene razón. El hambre, el cansancio y el calor causaron mi desmayo y luego aquel absurdo sueño, mi viaje con Marie. Obviamente, la verdad es ésta: El camionero que me recogió a las afueras de San Juan, aquel señor de aspecto amistoso, era don Manuel. Este amable conductor nunca me dejó en aquel pueblito desolado y tampoco recogió a sus dos amigos. Yo seguí mi trayecto con él hasta Quebradillas y nunca me encontré con la mujer del Cadillac. Nunca.

Me siento más calmado después de aceptar, por fin, la verdad de mi pesadilla. Regreso a casa con el propósito de olvidar a Marie, de borrarla[55] para siempre de mi memoria.

---

[54]me... *grabs me by the neck*   [55]*erasing her*

Seis

*D*on Manuel tiene el corazón de oro, según mi madre, y es cierto. El hombre es generoso y noble; todo el mundo lo quiere en Quebradillas. Don Manuel es padre de dos hijas. La mayor se fue desde muy joven a Nueva York y allí se casó con un comerciante norte-americano. Casi nadie se acuerda de ella en el pueblo. La otra hija, Laura, es soltera y se parece mucho al padre en el carácter. Además, es una mujer muy bella.

Laura y yo nos hemos hecho[56] buenos amigos. ¡Cuánto me gusta pasar tiempo con ella! Nos encanta conversar, dar largas caminatas por la playa, abrazados. La verdad, quisiera ser mucho más que su amigo. No exagero al decir que me he enamorado de Laura apasionadamente.

Me pregunto si me quiere ella con la misma pasión. Espero que sí, pues un día, muy pronto, voy a pedirle que se case conmigo.

Al cabo de unos meses de noviazgo, le propuse matrimonio a Laura y ella aceptó. Pedí su mano, nos comprometimos y tuvimos una modesta pero memorable boda en la iglesia del pueblo.

---

[56]nos... *have become*

He tenido varios trabajos; entre ellos, ayudando a mi padre con las faenas[57] del campo y manejando el camión de don Manuel. Hace dos años encontré el empleo que tengo ahora. Soy cajero en un banco. Me gusta mucho este trabajo porque me permite usar mi talento para las matemáticas.

Laura y yo somos los orgullosos padres de un niño y una niña. Confieso que soy feliz, aunque hemos tenido nuestros altos y bajos, cosas típicas de todos los matrimonios. Nuestra pelea[58] más grande, hasta ahora, fue por causa de la hermana de Laura. Es una señora extravagante de peluca rubia y guantes azules que viene a visitarnos con frecuencia. Se llama Marie, con acento en la *í*, y habla constantemente. ¡Nunca se calla!

Tolero a mi «querida» cuñada porque adora a mis hijos; además, quiero evitarle sufrimientos a mi esposa. Pero tengo razones suficientes para detestar a esta señora. Aunque ella trate de ser amable conmigo, siempre, desde aquel viaje en Cadillac, he sabido lo que opina de mí.

---

[57]trabajos   [58]*fight*

El último sol

Prólogo

Tenochtitlán

Según el mito azteca, los antiguos mexicanos —o *mexica*— vinieron de Aztlán, una región árida y fría del norte. Un día, uno de sus dioses les habló de una zona fértil que se encontraba al sur. —¡Búsquenla! —les dijo—. Deben detenerse al encontrar un *nopalli*[1] y un águila real en su nido.

Entonces todos los mexica —llamados también aztecas por venir de Aztlán— salieron hacia el sur. El trayecto duró

El emblema mexicano del águila sobre el nopal y la serpiente.

---

[1]nopal, *prickly pear*

Plano de la ciudad de México-Tenochtitlán.

años. Llegaron por fin a un valle donde había un lago, y en el centro de ese lago descubrieron una isla deshabitada. Allí estaba el águila sobre el nopal. En esa isla fundaron su ciudad, Tenochtitlán.

Mientras construían su ciudad, los aztecas podían ver cada noche a «Metzli», la luna, reflejada en las aguas del lago. Por eso empezaron a llamar a su tierra Metzli-Xictly, que quiere decir «en medio de la luna». Con el tiempo, el nombre se abrevió a Mexitli, y después a México. Desde que fundaron su ciudad, los mexica tuvieron como signo y emblema el águila sobre el nopal. En el pico,[2] el águila sostiene una serpiente, símbolo de la guerra.

Los mexica —o aztecas— extendieron su dominio y llegaron a tener una civilización poderosa. Ellos consideraban que México-Tenochtitlán estaba en el centro del universo. Así lo expresaban en náhuatl:[3] *In Cem-Anahuac Yoyotli*. Creían también que Tenochtitlán era el corazón del mundo.

La guerra florida y el sacrificio humano

El imperio de los aztecas fue muy vasto. El emperador sometía[4] a los pueblos vecinos y les pedía tributos excesivos. En batallas que los aztecas llamaban «guerras floridas», capturaban a sus adversarios para sacrificarlos a Tonatiuh, dios del sol.

Guerreros aztecas con sus trajes militares.

---

[2]*beak*   [3]idioma de los aztecas   [4]*subdued, conquered*

Cuchillo de obsidiana que se usaba en el sacrificio humano.

El sacrificio consistía en atar[5] al prisionero sobre una piedra. Luego un sacerdote le abría el pecho con un cuchillo y le sacaba el corazón. Este corazón era presentado como ofrenda[6] a los dioses, para calmar su hambre y conseguir su protección.

Las cinco eras del mundo

Los aztecas tenían un calendario al cual llamaban la Piedra del Sol. Este calendario era una piedra plana[7] de forma redonda.[8] En su superficie estaban grabadas todas las eras —o soles— anteriores en la historia sagrada.

La primera era fue destruida por tigres, la segunda por vientos, la tercera por lluvia ardiente y la cuarta por agua. El quinto sol, la era bajo la cual vivieron los aztecas, nació en la fecha ceremonial de 13-Caña.[9]

Los aztecas creían que cada 52 años ocurriría una catástrofe que, si de hecho ocurriera,[10] daría fin a la quinta era. Pero ellos posponían su destrucción por medio de sacrificios.

La catástrofe llegó finalmente, y los aztecas no pudieron evitarla. El quinto sol quedó extinto al llegar los españoles al

---

[5]*tying up* [6]*offering* [7]*flat* [8]*round* [9]*13-Reed* [10]*si... if it were, in fact, to occur*

«centro y corazón» del mundo. La hermosa Piedra del Sol dejó de funcionar como calendario en 1519, año en que Hernán Cortés[11] entró en Tenochtitlán.

El calendario azteca, también conocido como la Piedra del Sol. En el centro está la figura de Tonatiuh, dios del sol, quien recibía el corazón de los soldados sacrificados.

Alrededor de Tonatiuh se ven los cuatro períodos cósmicos del mundo y, en el próximo círculo, los 20 símbolos del día. Abajo se juntan las colas[12] de dos serpientes en la fecha sagrada[13] de la creación.

---

[11]Hernán... conquistador español (1485–1547) [12]*tails* [13]*sacred*

Parte I

Paseo de la Reforma en la Ciudad de México.

Uno

¿Viví mi extraña aventura realmente? No sé. Sólo estoy seguro de que algo increíble me ocurrió. Sería fácil encontrar una explicación lógica; decir, por ejemplo, que simplemente «soñé» mi travesía.[1] Pero el caso no es tan simple, como podrán ver[2] al final de este cuento.

En fin, que cada cual decida lo que quiera creer.[3] Yo, Daniel Flores, me conformo con que escuchen mi relato. Y la persona más importante en ese relato es Chalchi, mi novia, con quien voy a casarme muy pronto. Gracias a ella aprendí a ver —a *sentir*— aspectos de la realidad que yo me negaba a admitir.

No quiero implicar que Chalchi tenga poderes mágicos. No. Su verdadero poder es el de la imaginación. Con la ayuda de mi novia pude emprender[4] un viaje fantástico. Acepto la verdad de ese viaje sin preguntas ni explicaciones, pues ahora es parte de mi vida, y de la historia...

Desde niño me ha fascinado la historia. En la preparatoria[5] estaba seguro de que iba a seguir la carrera de historiador. Quería hacer descubrimientos, registrar archivos, encontrar

---

[1]*voyage, journey* [2]podrán... *you will be able to see* [3]*que... let everyone decide what he or she wants to believe* [4]*embark on* [5]*college preparatory school*

documentos importantes. Me interesaban sobre todo las culturas prehispánicas. Pero, lamentablemente, no me sería posible seguir esa carrera. Un día, mi padre me dijo:

—Daniel, hijo, ya tienes dieciocho años. Es hora de que salgas de este pueblo y estudies en la universidad. Nosotros vamos a ayudarte; haremos un esfuerzo[6] por mandarte a la capital. Allí podrás recibir una buena educación.

La idea de mi padre me alegró mucho, pero pronto me di cuenta de que aquel plan no tenía sentido. Vivir en el Distrito Federal[7] sería muy costoso. Mis padres apenas podían sostenerse con las cosechas[8] de maíz y con los pocos animales que teníamos en nuestra pequeña granja.

—No, papá —le dije—. Les agradezco a ti y a mamá este esfuerzo que quieren hacer, pero...

—Mira, hijo, podemos vender parte de la tierra y algunos animales. Y tú podrías conseguir chamba[9] en la capital, ¿no?

—Un trabajo que no te quite mucho tiempo —agregó mamá—, y que te ayude para comprar tus libros y para otros gastos.

—No sé, mamá, papá...

—¡Ándale, Daniel! —exclamaron mis padres, logrando por fin entusiasmarme con la idea.

Agradecido, acepté su oferta.

—Lo mejor sería un estudio relacionado con la tierra —sugirió mi madre.

—Sí, es una buena idea —asintió papá—. Para mejorar nuestros medios de cultivo.

Mis padres tenían razón. Mi deber era estudiar algo práctico que pudiera ayudarnos.[10] Fue fácil decidir. La carrera más práctica sería la de ingeniero agrónomo.

---

[6]haremos... *we will make an effort*   [7]Distrito... la capital de México; comparable con el Distrito de Columbia   [8]*crops*   [9]trabajo (*coll. Mex.*) [10]pudiera... *could help us*

Me propuse entonces abandonar mi sueño de ser historiador, y dedicarme a la agronomía. Mi objetivo: terminar pronto mis estudios. Después, regresar a Ayapango, mi pueblo, para ayudar a mis padres con el trabajo de la granja. Y sobre todo para casarme con mi querida Chalchi.

◇

Tuve suerte cuando llegué a la Ciudad de México. Conseguí un empleo de botones[11] en el Hotel del Prado. Trabajaba seis horas en la mañana y por la tarde recibía clases en la UNAM:[12] lecciones sobre los diferentes tipos de terreno y abono,[13] sobre las nuevas maquinarias para la siembra[14] (casi todas de tecnología avanzada pero muy costosas).

Mi trabajo en el hotel era monótono; más que nada cargaba maletas. Pero de vez en cuando conocía a personas interesantes. Además, siempre podía disfrutar del mural de Diego Rivera que había en el hotel, el cual mostraba pasajes de la historia mexicana.

Me gustaba analizar esa obra, descubrir cosas nuevas: alguna expresión, una imagen, algún tono de la pintura. Frente al mural, me dejaba transportar por los eventos de la historia. Me veía a mí mismo convertido en un guerrero azteca; también en un príncipe vestido de plumas, rodeado[15] de mujeres doradas por el sol, bellas princesas con perfil de águila. Y siempre sentía la misma furia hacia los colonizadores, por su injusta destrucción de la cultura indígena de México.

Los fines de semana, para distraerme, me reunía con compañeros de la universidad, iba al Museo de Antropología, al parque. Pero, la verdad, no lograba sentirme muy a gusto en la capital. Extrañaba a mis padres y a Chalchi, mi

---

[11]*bellhop*   [12]Universidad Nacional Autónoma de México   [13]*fertilizer*
[14]*sowing*   [15]*surrounded*

casa, la vida del pueblo, la comida de mi madre y el olor a humo de su cocina. Extrañaba el nogal[16] del patio con sus nueces que caen como lluvia, la lucha diaria con las ardillas que quieren comerse el maíz almacenado.[17] Y sobre todo la vista fantástica de los volcanes Iztaccíhuatl y Popocatépetl.

Cuando era niño pasaba horas mirándolos. Es difícil imaginarse a un niño sentado sin hacer nada por tanto tiempo, pero así era. Me levantaba muy temprano y me sentaba debajo del nogal. Los volcanes iban apareciendo lentamente con la luz del día, y yo los saludaba desde el patio de mi casa. Después, de adolescente, casi todos los domingos hacía el viaje en tren desde Ayapango hasta el pueblo de Amecameca, que está casi al pie del «Izta» y del «Popo». El paisaje me llenaba de ánimo:[18] los campos abiertos, el verde de la tierra, las humildes casitas de teja roja.

Durante el trayecto en tren, a veces, me ponía a recordar las leyendas sobre esas dos montañas. Había muchos relatos, todos muy románticos. Los protagonistas eran siempre dos amantes separados por la muerte y unidos por Xochiquétzal, diosa del amor. Eran enamorados que ella convertía en volcanes.

Pero al acercarme a Popo y a Izta, trataba de olvidar esas historias de amores imposibles. Veía entonces ante mí sólo dos imponentes montañas. Y allí, junto a mis volcanes amigos, siempre pensaba en Chalchi...

Chalchi y yo nos conocemos desde la infancia. Por ser vecinos, casi se puede decir que nos criamos[19] juntos. Yo soy hijo único[20] (por problemas de salud, mi madre pudo tener sólo un hijo), y me gustaba imaginarme que Chalchi y sus

---

[16]*walnut tree* [17]*stored* [18]me... *lifted my spirits* [19]nos... *we grew up*
[20]hijo... *only child*

hermanos eran mis hermanos. La verdad es que con ellos me he sentido siempre como un miembro más de la familia.

Mi novia y yo éramos niños todavía cuando empezamos a inventar juegos amorosos. Uno de nuestros favoritos era fingir[21] que Chalchi era una princesa azteca y yo un guerrero enamorado de ella. ¡Cuánto nos gustaba besarnos! A veces peleábamos, pues Chalchi insistía en tener magia, dioses, fantasía. Y yo sólo quería hechos específicos, como hacer la guerra en nombre de nuestro amor, ganar muchas batallas y convertirme en héroe.

De mi novia me gustó siempre su nombre, Chalchiunenetl, que en el idioma náhuatl quiere decir «muñeca de jade». Es un nombre que le queda bien, pues Chalchi (como la llaman todos) tiene los ojos muy verdes. Pero ella no es una muñeca para mí. Es mi mejor amiga, mi compañera.

Chalchiunenetl siempre escucha con interés los pasajes de la historia mexicana que comparto con ella. Cada vez que puedo, le regalo libros (novelas en ediciones baratas que compro en la Ciudad de México) porque le apasiona la literatura. A Chalchi le gustaría estudiar en la UNAM, pero le apena[22] alejarse de su familia. Sus padres, que ya están viejos, la necesitan. Ella ayuda a su madre en los queha-

---

[21]*to pretend*   [22]le... *it troubles her*

ceres de la casa y en la crianza[23] de sus hermanos menores; también asiste a su padre en el cultivo del maíz.

Mi novia es la persona más inteligente que conozco. Nuestras conversaciones suelen ser acaloradas,[24] pues no estamos de acuerdo en algunas cosas. Un tema que discutimos mucho es la «historia». Chalchi y yo tenemos maneras muy diferentes de entenderla.

—La historia —me dice Chalchi— tiende a narrar sólo los grandes eventos, a reconocer más que nada a los héroes.

—Pero son los héroes —yo le explico— quienes logran[25] hacer cambios en el mundo. Por eso se les considera personas heroicas.

—El problema, Daniel, es que la historia oficial de los libros no toma en cuenta las pequeñas hazañas[26] de mucha gente. Y la historia casi nunca se ocupa de incluir a las mujeres, ya que son los hombres sus autores.

—De acuerdo, Chalchi. La historia documenta los grandes eventos. Pero así debe ser: la escritura de acciones y acontecimientos, tal como ocurrieron. La historia no debe ocuparse de cuestionar su propio valor, su significado. ¡Ése es el trabajo de los filósofos!

—No estoy de acuerdo contigo, Daniel. La historia es la gente, tú y yo, nuestras familias. Y sí tenemos el derecho de cuestionar lo que hacemos y decimos. La historia no es sólo lo que se publica en los libros. Es también, por ejemplo, todas las leyendas de nuestra cultura, los mitos...

—No, Chalchi. La mitología es otra cosa muy distinta.

—¿Por qué? Los mitos son creaciones del ser humano, y describen quiénes somos, cómo pensamos. ¡Debemos considerarlos parte de la historia!

Nuestro diálogo es siempre así, apasionado. Los desacuerdos[27] que tenemos hacen más rica nuestra relación.

---

[23]*upbringing* [24]suelen... *are usually passionate* [25]*manage, are able*
[26]*deeds* [27]*disagreements*

Dos

Recuerdo vívidamente el día en que decidí proponerle matrimonio a Chalchi. ¡Nunca voy a olvidarlo! Era verano, y llevaba poco más de un año viviendo en la capital. Ese día no tenía deseos de estudiar mis apuntes de agronomía (información práctica pero no muy estimulante). No quería tampoco estar solo en el pequeño cuarto que alquilo en una casa de familia.

Después de quitarme el uniforme de botones y ponerme otra ropa, traté de hacer algún plan. Por lo general, en un día largo de verano, me gusta caminar por el Parque de Chapultepec y sentarme a la sombra[28] de un árbol. A veces me encuentro con algún amigo en la explanada de la UNAM y vamos a tomar algo, o visito el Museo de Antropología. Esas visitas al museo son mi premio[29] por todo el estudio y el trabajo que ocupan mi tiempo.

En la Sala Mexica está la exhibición que más me interesa, pues representa nuestra antigua cultura mexicana. Allí siempre observo detenidamente los diferentes instrumentos de obsidiana y todas las otras reliquias. Una estatua pequeña de barro negro es el dios de la noche, Tezcatlipoca. Otra figurilla con un falo[30] enorme es Quetzalcóatl, dios de la creación. Huitzilopochtli está vestido de plumas, ya que es el dios de la guerra. La diosa del maíz, Chicomecóatl, es una

---

[28]*shade* [29]*reward, prize* [30]*phallus*

El Museo de Antropología en la Ciudad de México.

figura sencilla de piedra caliza.[31] Y Xochiquétzal, diosa del amor y la fertilidad, obviamente tiene pechos[32] exuberantes.

El objeto más impresionante del museo es sin duda la Piedra del Sol; o sea, el calendario azteca. Es grande, redonda, y en el centro lleva la cara de Tonatiuh, el dios del sol, con su mirada fija en el vacío y la boca abierta, dispuesta a devorar corazones humanos. Alrededor de Tonatiuh están representadas las cuatro eras que precedieron al quinto y último sol. En esa piedra se puede estudiar el comienzo y el fin de una de las civilizaciones más poderosas que han existido en el mundo.

◇

Aquel día caminé largo rato por la avenida Juárez,[33] donde está el Hotel del Prado. Tomé el metro en la primera

---

[31]piedra... *limestone*   [32]*breasts*   [33]avenida... avenida nombrada por Benito Juárez (1806–1872), presidente de México de 1857 a 1872

parada que tuve delante, y me bajé en la avenida Insur-
gentes. Llegué al Café de Filosofía y Letras[34] y lo encontré
repleto de gente. Hoy, por primera vez, me molestaba el
ruido y la compañía de los demás. Me quedé allí un par de
horas, tomando cerveza y conversando con mis cuates,[35] y
luego me despedí. Ahora sí tenía deseos de estar solo.

Estuve andando por el Chapultepec y luego por toda
la ciudad. Pensaba en mis padres. Hacía tiempo que no los
visitaba. ¿Un mes? Al principio, cuando llegué a la capital,
iba a verlos con frecuencia. Pero últimamente tenía mucho
que estudiar y demasiado trabajo en el hotel.

Pensé también en Chalchi. Después de un año, la extrañaba como el primer día. Sólo me consolaba saber que,
al terminar mi carrera, volvería a Ayapango para casarme
con ella. Pero faltaba mucho tiempo, ¡casi cuatro años! Lo
que debía hacer era comprometerme[36] con Chalchi, pedir

Detalle de un mosaico de Diego Rivera en el Parque de
Chapultepec.

---

[34]Café... en el edificio de la Facultad de Filosofía y Letras de la Universidad Autónoma   [35]amigos, compañeros (*coll. Mex.*)   [36]*to get engaged*

su mano y fijar la fecha de la boda. Es decir, si ella aceptaba ser mi esposa...

Todavía no podía darle un anillo de compromiso;[37] tendría que[38] ahorrar mucho para comprar uno de oro y digno[39] de Chalchi. Por el momento, pensaba ofrecerle a mi novia un collar[40] de obsidiana con un pequeño corazón. Era un objeto que vendían en el Museo de Antropología. Las cuentas[41] y el corazón del collar no estaban hechos de obsidiana verdadera, pero tenían una apariencia convincente y atractiva. Por ahora, ese collar sería el símbolo del amor entre nosotros.

Mi sueño era y sigue siendo vivir con mi esposa en Ayapango, en una humilde casita construida por nosotros; tener hijos, una pequeña granja, una vida tranquila. Todo muy típico, pero así me sentía yo. Así me siento, ¡como un típico enamorado!

◇

Subí a mi habitación en la azotea,[42] y me alegré de vivir allí arriba. Me gustaba contemplar el paisaje de luces de neón, el movimiento constante de la ciudad. Como otras veces, me pregunté cómo habrá sido[43] este lugar cuando, un día de 1519, Hernán Cortés lo tuvo ante sus ojos.

Traté de recordar entonces un hermoso poema del libro *Los Metzli*, una antología de jóvenes poetas que tratan de actualizar la poesía náhuatl. Yo había conocido a algunos de aquellos escritores en la universidad, y los admiraba mucho. Sus versos hablaban de mitos, dioses, ciudades encantadas...

---

[37]anillo... *engagement ring* [38]tendría... *I would have to* [39]*worthy, deserving* [40]*necklace* [41]*beads* [42]*attic* [43]cómo... *what it must have been like*

Entre flores de luz naciste un día, Tenochtitlán
para brillar en todo el universo
Tu corazón: el corazón de todo ser viviente[44]
Tu voz: la voz del sol, la voz del viento

*   *   *

De las aguas y las nubes brotaste,[45] *Tenochtitlán*
Como el águila azul volaste al cielo
Y regresaste para ser el Centro:
In Cem-Anahuac Yoyotli
Tu corazón: el corazón de todo el universo

La mañana siguiente me levanté muy temprano, hice la maleta, y llamé a mi jefe. Le pedí unos días libres, mis primeras vacaciones desde que empecé a trabajar en el Prado. El jefe me dijo que estaba bien, pero que regresara[46] lo antes posible, pues en el hotel siempre hay mucho trabajo.

Esa misma mañana tomé el tren en la estación San Lázaro rumbo a mi pueblo.

---

[44]todo... *all living things*   [45]*you sprang forth*   [46]que... *to return*

Tres

*I*ba mirando el paisaje a través de la ventanilla del tren. El cielo nunca me pareció tan azul, ni el verde de la hierba tan verde. Noté el gran contraste entre esos hogares provincianos y los edificios del Distrito Federal. En la capital, tráfico incesante y aire contaminado. En la provincia, campos de maíz, el silencio de las noches interrumpido por una guitarra campesina.

Me alegraba volver a Ayapango, a la tranquilidad de sus mañanas. Mientras recorría a pie el corto camino de la estación a mi casa, iba recordando el sabor a agua fresca de los platos de mamá. Y recordando a Chalchi.

◇

Luvina, mi madre, dio gritos de alegría cuando me vio parado en la puerta. Me abrazó, me besó, y empezó a hablar de lo último que había ocurrido en el pueblo. Yo la escuchaba y la observaba: siempre la misma sonrisa, los pasos lentos y la mirada baja; el mismo rebozo[47] y la falda larga, limpia a pesar del duro trabajo.

Mi padre, Juan, también me abrazó. Me preguntó cómo estaba y cuánto tiempo pensaba quedarme.

—Unos días —le respondí.

---

[47]*shawl*

—¿Y tus estudios?

—No tengo ninguna clase este verano, papá.

—¿Y el trabajo en el hotel? —me preguntó mi madre.

—Pedí vacaciones.

Mamá notó algo diferente en mí. Quizá me encontraba muy pensativo. Se acercó y me pasó la mano por la frente.

—Daniel —me dijo—, a ti te pasa algo. ¿Te sientes bien?

—No me pasa nada, mamá. Es que... tenía muchos deseos de estar aquí con ustedes.

Mamá se dirigió al fogón de leña,[48] entusiasmada.

—Entonces, ¡voy a ponerme a cocinar! —exclamó—. ¡Esto hay que celebrarlo! Juan nos trajo un cabrito[49] y voy a prepararlo con mole picosito,[50] una cazuela grande de arroz y tortillas calentitas acabadas de amasar.[51] ¿Qué te parece, hijo?

—Me parece estupendo, mamá.

Me puse unos guaraches[52] cómodos, una camisa y un pantalón de trabajo, y salí al patio. Recorrí los alrededores de la casa, y luego me senté debajo del nogal. Estaba tan feliz.

◇

Mi llegada fue una sorpresa para Chalchi, pues no le había anunciado mi visita como lo hacía normalmente, por carta. Nos dimos un abrazo largo. Después caminamos por el pueblo, visitando los viejos rincones de la infancia. Tomamos el tren y llegamos hasta Amecameca, hasta los volcanes.

—¡Cuánto te he extrañado! —le confesé allí.

—Abrázame, Daniel. Así, fuerte.

—Sí, Chalchiunenetl. Me gusta tanto tu nombre.

---

[48]fogón... *wood stove*   [49]*young goat, kid*   [50]mole... salsa picante hecha de chocolate, cacahuates, chiles y otras especias   [51]acabadas... *just made*   [52]*huaraches, sandals* (*Mex.*)

—¿Es todo lo que te gusta de mí?

—Y tus ojos, que me iluminan la vida. Por momentos, cuando los miro, creo ver una luz que viene de tu corazón. Y con esa luz llega tu voz, melodiosa, diciéndome suavemente «te quiero»...

—Mis ojos no mienten, Daniel. Sí te quiero.

Chalchi me contó que había decidido por fin cursar estudios en la universidad, hacerse profesora de literatura.

—Por suerte, papá y mamá apoyan mi decisión —me dijo.

—Te ayudaré con todos los detalles —reaccioné, contento con la noticia—. Viviremos juntos en la capital, como esposos...

—¿Cómo esposos? —preguntó ella, un tanto sorprendida.

Le puse al cuello el collar de obsidiana.

—Sí, Chalchi. Todavía no puedo regalarte un anillo, pero espero que este collar exprese nuestro compromiso. ¿Aceptas ser mi compañera?

Vi lágrimas de alegría en los ojos de mi novia.

—Claro que acepto, Daniel —respondió ella, y me besó—. Mi corazón te pertenece.[53] Te ha pertenecido siempre.

$$\diamondsuit$$

La unión de nuestros cuerpos confirmó la promesa del futuro. Libres nos sentimos en nuestro acto de amor, libres para imaginarnos —para *encarnar*— cualquier fantasía.

—Deberíamos[54] casarnos aquí, al pie de los volcanes —le dije, emocionado—. Una ceremonia que incluya a Popo y a Izta.

---

[53]te... *belongs to you* [54]*We should*

—El espíritu de dos enamorados...

—No, Chalchi. Simplemente dos montañas que han estado siempre presentes en nuestra vida.

—Entonces, ¿no crees en las leyendas, Daniel?

—Creo que la gente se inventa muchos cuentos. Así es el ser humano, necesita imaginarse cosas. Yo respeto las creencias[55] de los demás, pero...

—Pero ves aquí sólo dos volcanes.

—Dos imponentes volcanes, sí, Chalchi. Mis amigos.

—En cambio yo me imagino toda una historia de grandes amores. Me imagino la unión eterna de una mujer y un hombre...

—Sí, mi querida Chalchi, ya lo sé: el milagro[56] de dos amantes convertidos en montañas.

Nos besamos, y el silencio que llegó después de los besos nos llenó de paz, de contento. Más tarde hablamos del futuro, del hogar y de los hijos.

—Quisiera[57] ofrecerles un mundo ideal a esos niños que tendremos[58] —expresó mi novia—. Sin guerras, sin violencia.

—Yo simplemente quiero enseñarles a sentirse orgullosos de su patria y de su historia.

—La historia está llena de verdades terribles —comentó Chalchi—. Está llena de injusticias, de ambiciones absurdas. ¿De veras quieres que nuestros hijos estén orgullosos de todo eso?

—No, Chalchi. Pero debemos ayudarlos a conocer la realidad.

—La realidad es muchas cosas, Daniel. Es también lo que uno quiere que sea.[59]

—No creo. Hay hechos muy específicos...

---

[55]*beliefs* [56]*miracle* [57]*I would like* [58]*we will have* [59]*lo... what one wants it to be*

—Mira, ¿por qué no les contamos una historia diferente a esos futuros niños?

—¿Diferente?

—Sí, Daniel. Podríamos inventarles el pasado, imaginarnos un universo perfecto para ellos.

—¿Y qué va a pasar cuando se hagan adultos? Descubrirán que el mundo no es la fantasía de sus padres.

—Pero hasta ese momento, habrán disfrutado de un hermoso sueño.[60]

$$\diamondsuit$$

Chalchi cerró los ojos y me pidió que hiciera[61] lo mismo.

—No tenemos que esperar a ser padres —comentó—. ¡Podemos empezar a soñar ya!

—¿Soñar con qué? —le pregunté, mis ojos todavía muy abiertos.

—¡Con lo que quieras! Piénsalo, Daniel: Si pudieras cambiar el pasado en honor a tus hijos, ¿qué cambiarías?

—No sé, Chalchi —respondí, indeciso—. Hay tantos eventos... La colonización de México, por ejemplo.

Mi novia me tomó la mano y me la acercó al collar de falsa obsidiana.

—Imagínate, entonces —me dijo—, que este corazón te dará entrada a esa otra realidad...

—Bueno, está bien —reaccioné, queriendo complacerla.[62]

A regañadientes,[63] me dejé llevar por su fantasía. Traté de olvidarme de este mundo y de imaginarme otro. Pero sólo lograba pensar en nuestra boda, en lo felices que seríamos los dos juntos, casados.

---

[60]¡habrán... *they will have enjoyed a beautiful dream!*   [61]que... *to do*
[62]queriendo... *wanting to please her*   [63]A... *Reluctantly*

De pronto me invadió un profundo deseo de dormir, y con los ojos cerrados percibí la fuerza de los volcanes. Sentí después un calor intenso, como el fuego, y me vi a mí mismo viajando al centro y corazón de una montaña.

Salí de ese trance brevemente para hacerle una pregunta a mi novia:

—Chalchi, pero, ¿por dónde empieza uno a reinventar la historia?

Escuché su voz como un susurro:[64]

—Pues, por el comienzo...

---

[64]*whisper*

Parte II

El Templo Mayor en Tenochtitlán.

Uno

Escucho una voz de mujer que viene de lejos. *Tozani...* Trato de despertar, pero me pesan los párpados.[1] Siento frío. *Tozani...* Abro por fin los ojos y veo mi cuerpo, casi desnudo. Sólo llevo un taparrabo[2] y estoy acostado en un petate.[3] Busco a la dueña de la voz... *Amado Tozani...* La descubro parada frente a mí.

—Despierta ya —me dice esta muchacha. Habla un idioma extraño que yo, de una manera también extraña, puedo comprender. Sus palabras llegan a mí como filtradas por el aire frío de este cuarto. —Despierta —repite—. Es hora de ir al lago.

La muchacha es joven, hermosa. Tiene el cabello atado atrás,[4] con dos trenzas[5] sobre la frente. Lleva un vestido largo, blanco; en la cintura, un amplio cincho bordado.[6] Le cuelga[7] del cuello un collar con un pequeño corazón de obsidiana. El objeto me llama la atención, pues es muy parecido al que le regalé a mi novia al proponerle matrimonio. Pero al observarlo de cerca, noto que este corazón parece ser de obsidiana pura, y tiene el dibujo de un águila.

La joven me mira; sus ojos son de un verde intenso. Se parece tanto a Chalchi que la llamo por ese nombre, Chalchiunenetl...

—Sí —responde ella—. Has dormido mucho, Tozani.

---

[1]me... *my eyelids are heavy* [2]*loincloth* [3]*sleeping mat* [4]atado... *tied back* [5]*braids* [6]cincho... *embroidered belt* [7]*hangs*

—¿Tozani? Ése no es mi nombre —le digo, confundido.

—Levántate ya, esposo.

¡Me ha llamado «esposo»! Miro a mi alrededor y descubro que no estoy en mi casa. Este lugar es más grande; las paredes son blancas y a lo largo de cada una hay tiestos[8] enormes con flores de varios tipos y colores. Los muebles son escasos pero elegantes, de madera densa: un armario, una mesa baja y dos sillas. Hay una armonía total en este sitio. Por la puerta que da a[9] la calle entra mucha luz. ¿Dónde estoy?

Trato de ordenar mis pensamientos. Pero no puedo, porque escucho la voz tierna de Chalchi y siento sus manos que me acarician.

—Tozani —dice ella—, tuviste malos sueños anoche. Decías palabras que yo no podía comprender. Despierta ya, por favor.

Me muevo, respiro. Tengo los ojos muy abiertos.

—Creo... creo que estoy despierto —reacciono, no muy convencido.

—Cuando regreses de bañarte en el lago, comeremos —anuncia Chalchi—. Voy a amasar *tlaxcalli*,[10] a preparar tu *atolli*.[11]

Mi supuesta esposa se va a otro cuarto, y yo me acuesto otra vez en el petate. ¿Cómo explicar todo esto? Según esta joven, he estado soñando. Si es así, mi verdadera vida —la de Daniel Flores— fue sólo un sueño que tuve anoche. Pero eso es imposible. ¡El sueño es *este* mundo!

—¡Chalchi! —la llamo. Ella aparece ante mí.

—¿Sí, Tozani? ¿Por qué no te has ido al lago ya? No olvides que el Reverendo Padre quiere verte. Tendrás que[12] vestirte de guerra para asistir al Templo Mayor.

---

[8]*flower pots* [9]*da... leads to* [10]tortillas [11]atole (*creamy, corn-based drink*) [12]Tendrás... *You will have to*

—¿El Reverendo Padre?

—Sí. El señor emperador, Moctezuma.

—¡¿Quién?!

—Ay, Tozani, ese sueño de anoche te ha convertido en otro hombre. ¿Qué te pasa?

—Nada, nada. Pero necesito que me digas algo, Chalchi... ¿En qué año estamos?

—Bien lo sabes: Acatl, el año 1-Caña, el día de 2-Casas.

Intento recordar el calendario azteca. Un escalofrío[13] me invade el cuerpo cuando por fin descifro el significado de esa fecha. *Acatl*, equivalente al año 1519 del calendario cristiano. El día 2-Casas, o sea, el 29, posiblemente del mes de junio. ¡Un mes antes de la entrada de Cortés en Tenochtitlán!

$$\diamond$$

Hay un aroma exquisito que impregna el aire; es un perfume de flores y tierra fresca. Observo la variedad impresionante de plantas que hay en este lugar. Es agradable estar aquí, pero tengo que irme. Quiero darle fin a esta broma de mal gusto,[14] salir y buscar la verdad...

La verdad: ¡El mundo de aquí afuera es totalmente nuevo para mí! Veo una calle muy amplia, y a lo largo de toda la calle está el agua, el hermoso lago que encontraron los antiguos aztecas. Veo gente que camina, gente que sonríe y conversa. Hay hombres en canoas y otros vestidos como yo, de taparrabo y manto; también hombres cubiertos de plumas, vestidos con pieles de tigre. Algunos, los que llevan lanzas,[15] hacen un gesto de reverencia ante mí y siguen su camino.

---

[13]*chill*   [14]broma... *nasty joke, prank*   [15]*spears*

Si me alejo mucho[16] voy a perderme. Necesito a Chalchi, su guía, sus explicaciones. Regreso a la casa —¿mi casa?— y le pido a mi «esposa» que me acompañe. Ella abandona sus quehaceres, obediente, y sale conmigo.

◇

Los edificios blancos brillan con la primera luz del día. Muchos tienen en sus fachadas frescos de diseños diferentes, mosaicos trabajados en detalle, todos de varios colores. En los techos de cada templo y cada palacio flotan banderas[17] de plumas doradas. Algunas muestran insignias de los dioses y los emperadores de la antigua historia mexicana... ¿Mi historia?

Chalchi señala hacia los volcanes en la distancia, bajo el azul del cielo; sus cimas[18] están cubiertas de nieve. Llegamos a un mercado repleto de gente. Hay comerciantes de legumbres y condimentos, artesanos de las plumas. Hay vendedores de carnes, telas, pieles. Hay animales. Continuamos a paso lento y aparece ante nosotros una plaza enorme. Chalchi sonríe con orgullo y dice algo que no comprendo. Lo repite:

—*Tenochtitlán, Cem-Anahuac Tlali Yoloco.*

Y por fin entiendo lo que me está diciendo en náhuatl: *Éste es el verdadero corazón y centro del único mundo.* Lo pienso y todavía no puedo creerlo. ¡Estoy en México-Tenochtitlán!

Chalchi se detiene frente a una pirámide gigantesca.

—¿Es ésa la Gran Pirámide? —le pregunto. Ella responde que sí; yo continúo—. Ahí dentro está el Templo de Tláloc; también el Templo de Huitzilopochtli, lugar de sacrificios. ¿No es cierto?

---

[16]Si... *If I go very far away*   [17]*flags*   [18]*tops*

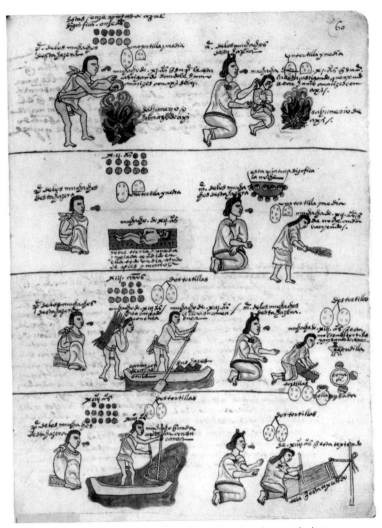

Página del Códice Mendoza que muestra la crianza de los niños aztecas. Las niñas, que se ven al lado derecho, aprendían a cocinar y a tejer desde temprana edad. Al lado izquierdo se ven los varones, quienes desde pequeños empezaban a pescar. Para ambos, la disciplina y el duro trabajo eran parte de la rutina diaria.

—La Gran Pirámide, sí —responde ella—. Ahí han sacrificado a muchos de tus prisioneros de las guerras floridas.

Le pido a mi esposa que me lleve a la Piedra del Sol. Ella cambia de dirección. Nos acercamos a un templo de mármol; es el palacio de Moctezuma. Seguimos caminando, ahora más rápido.

—¿Por qué vas tan de prisa, Chalchi? —le pregunto.

—Porque pronto comenzará la ceremonia —me explica—, y no tenemos tiempo para presenciarla. ¡Te espera el Reverendo Padre!

—¿De qué ceremonia estás hablando?

—La dedicación diaria de Tonatiuh —contesta ella—. El sacerdote va a pedirle protección. Esta vez para ti, Tozani, para tu misión.

◇

Ahora veo por fin la Piedra del Sol, una escultura espléndida. Es como la del museo, sólo que aquí la piedra brilla al aire libre. La imagen de Tonatiuh, dios del sol, es la misma. Tiene la mirada fija en el vacío y la boca abierta, con hambre de corazones. Abajo se ven las colas de dos serpientes, que se juntan en la fecha sagrada de la creación.

—Se acabará este mundo, Chalchi —le digo con tristeza—. Todo lo que ves aquí, esta gran civilización, va a desaparecer.

Chalchi me toma la mano, busca en mis ojos una aclaración. ¿Pero qué voy a decirle? ¿Cómo puedo compartir con ella mi verdad? Simplemente le explico que estamos viviendo la última era, la del quinto sol.

—Lo sé —reacciona ella—. Esta era terminará con una catástrofe. Se acabará el mundo.

—Pero vendrá[19] otro muy distinto a éste. Reinará otro rey y adoraremos a un solo dios.

—¿Un solo dios? ¡No es posible, Tozani!

—Nada podrá[20] evitar el fin. Nada ni nadie.

—¿Ni siquiera los sacrificios?

—Nada, Chalchi.

—¿Viste la catástrofe en tus sueños anoche, Tozani? ¿Te hablaron los dioses?

—Sí, querida mía.

—Fue un sueño que te hizo sufrir mucho, esposo, y que te atormenta todavía. Debes tratar de olvidarlo.

—No, Chalchi. Los sueños del futuro no se olvidan.

Chalchi me lleva a lo largo del lago, hasta llegar a una zona protegida por una pared de barro. Hay una entrada circular, como la boca de una cueva, por donde entran soldados y hombres de diferente edad.

—Debes bañarte ya —me dice Chalchi—. Dame tu manto. ¡Aquí te espero!

Después de darme un baño en el agua fría del lago, regreso a casa con Chalchi. Ella prepara nuestro almuerzo: una porción de *atolli* y dos tortillas. Comemos en silencio. Saboreo la tibia tortilla recién hecha, y la deliciosa crema de maíz llamada *atolli*, que sabe a miel y a limón.

—Conseguí un poco de *octli*, ¿no quieres? —me pregunta Chalchi. Le digo que sí y lo pruebo. Es como un vino blanco, un poco amargo.[21]

Mi esposa se levanta sin haber terminado[22] su comida.

---

[19]*will come* [20]*will be able to* [21]*bitter* [22]sin... *without having finished*

—Se hace tarde —me dice, señalando un traje de plumas que está sobre la mesa—. Te ayudaré a vestirte, Tozani.

—Chalchi, ¿por qué quiere verme Moctezuma?

Ella me mira, exasperada, sin comprender por qué le hago tantas preguntas. Pero a pesar de todo responde:

—El reverendo señor Moctezuma, *Huey-Tlatoani* de los aztecas, quiere encomendarte[23] una misión muy importante.

—Mi misión tiene que ver con los «dioses blancos», ¿verdad?

—Sí, Tozani. En la última reunión del consejo gobernante,[24] nuestro emperador decidió enviar una comisión para recibir a los seres blancos, para llevarles regalos y guiarlos hasta nuestra ciudad. El consejo te escogió a ti para encabezar[25] la comisión.

—Esos seres no son dioses, Chalchi.

—¿Cómo lo sabes?

—Lo sé. Simplemente lo sé.

Chalchi se queda pensativa unos minutos. Luego expresa, agitada:

—Los mensajeros de Moctezuma que han visto[26] a esos seres, cuentan que son grandes de estatura, que llevan la cara cubierta de cabello. Algunos tienen cuatro patas[27] enormes y dos cabezas, una de animal y otra de hombre...

—Son los españoles, Chalchi —le explico, sabiendo que no me entenderá—. Son los soldados de Hernán Cortés.

—Los soldados... ¿de quién?

—De Cortés, un hombre que viene a destruirnos.

—¡No! Moctezuma dice que son dioses. Él piensa que nuestro creador, Quetzalcóatl, ha regresado para recuperar su reino.[28]

---

[23]*to entrust to you* [24]consejo... *governing council* [25]*head up, lead*
[26]*seen* [27]*legs* [28]*kingdom*

—Está loco el emperador.

—¡Tozani! ¿Cómo te atreves a hablar así de nuestro *Huey-Tlatoani*?

—Debes creerme, Chalchi. Moctezuma está equivocado. Y yo voy a hacerle ver la realidad. ¿Sabes cuántos soldados estarán a mi disposición?

—Todos nuestros guerreros están bajo tus órdenes, Tozani.

—Entonces, soy comandante del ejército.

—Sí. Tienes el título honorable de *Quahtli-Yaoyotl*, Águila de Guerra. Has estado al frente de dos guerras floridas y has ampliado las fronteras de nuestro imperio. Todo el mundo sabe de tus triunfos, del honor que has recibido. Eres el orgullo de tu pueblo, Tozani Quahtli-Yaoyotl.

—Y tú, Chalchi, ¿estás orgullosa de mí?

—Más que nadie.

Honores de guerra, prisioneros sacrificados por mí. ¿Cómo voy a poder asumir esta vida que no es la mía? ¿Cómo voy a poder vivirla, si no la conozco? Trato de recordar todo lo que he leído, las leyendas de Ayapango, los relatos orales, la poesía. Pero en ningún sitio encuentro a Tozani, este personaje en quien me he convertido. ¿Existió de verdad? ¿Por qué no recuerdo un solo dato de su existencia?

Chalchi me quita el manto y lo coloca encima del petate. Luego me acaricia las piernas suavemente. Beso su rostro, sus pechos, la cubro con mis brazos. Ella me susurra algo al oído.

—Tu corazón, el corazón de todo ser viviente...

Hacemos el amor bañados por el aroma de las flores. Estar así con ella es habitar el mismo sol; es fuego, energía, vida. Entre caricias murmura palabras que sí logro recordar.

—Tu voz, la voz del sol, la voz del viento...

Chalchiunenetl me trae un pañuelo[29] blanco bordado; es mi taparrabo.

—Vístete, Tozani —me pide—. El Reverendo Padre te espera.

Con su ayuda, en poco tiempo estoy uniformado. Llevo un traje que se ajusta a mi cuerpo, y pantalones de una sola pieza que me llegan a los tobillos; sandalias doradas, una armadura acolchonada[30] por dentro y un casco[31] de plumas amarillas con un pico de águila.

—¡Qué hermoso te ves, Tozani Águila de Guerra! ¡Estoy tan orgullosa de ser tu sirviente!

—Eres mi compañera, Chalchi, no mi sirviente.

Antes de partir, abrazo y beso a mi esposa. Ella me ofrece su collar de obsidiana.

—¿Quieres llevarlo contigo, Tozani? Así mi corazón estará siempre cerca del tuyo.

—No, querida, no tienes que darme tu collar. Ya llevo tu amor muy dentro de mí, siempre.

Le prometo que regresaré con noticias de los blancos, esos misteriosos seres de otro mundo. Y me marcho.

---

[29]*cloth*   [30]armadura... *padded armor*   [31]*helmet*

Dos

Recorro el mismo camino que recorrí con Chalchi, hasta llegar al palacio de Moctezuma. Los dos guardias a la entrada me saludan con una reverencia, haciendo el gesto de besar la tierra. Entro y otro soldado me guía. Lo sigo. Nos detenemos[32] ante una puerta enorme que muestra el símbolo del águila y la serpiente. El soldado la abre y me invita a pasar.

Observo, sorprendido, la simplicidad del salón real.[33] El emperador está sentado en un trono de piedra. Lo acompañan dos hombres vestidos de manto; son sus consejeros. Me acerco y hago el gesto de besar la tierra.

—¡*Yyyo Ayyo!* —el emperador me saluda—. He estado esperándote, Tozani. Ya sabes que hoy el sacerdote le pidió a Tonatiuh luz para tu misión.

—Sí, Reverendo Padre. Le estoy muy agradecido.

—Los seres blancos se acercan a nuestra ciudad, Tozani, y todavía no sabemos quiénes son ni por qué están aquí. Mis consejeros piensan que son dioses enviados por Quetzalcóatl. Yo sospecho que se trata del mismo Quetzalcóatl, que ha regresado a recuperar su imperio.

—¿Estás seguro de eso, Señor?

—No. Por eso te envío a ti para recibirlos. Debes ayudarme a entender, a explicar la presencia de esos seres.

---

[32]Nos... *We stop*   [33]salón... *royal hall*

Moctezuma II (1480–1520), emperador de los aztecas desde 1502
hasta 1520, durante la conquista y colonización de México.

—Trataré de hacerlo, Reverendo Padre.

—Se detuvieron al pie de los volcanes. Tu misión es llegar hasta allí y hacer que te entiendan. Explícales que vas para darles la bienvenida. Les ofrecerás regalos y los invitarás a nuestra ciudad. No debes pelear. Recuérdalo: No vas en misión de guerra.

—Entendido, Gran Señor.

Uno de los consejeros le dice algo al emperador en secreto. Después de unos minutos, Moctezuma vuelve a hablarme.

—Vas a quedarte en mi palacio esta noche, Tozani. Mañana a primera luz partirás. Te acompañará el guerrero Ollín como segundo en mando. Tendrás trece soldados a tu disposición.

—¿Por qué tan pocos soldados, Gran Señor?

—Porque no vas a hacer la guerra. Además, el número trece te traerá suerte.

¡Claro! El quinto sol, la era bajo la cual vivieron los aztecas, nació en la fecha ceremonial de 13-Caña. Un número de suerte... ¡Qué ironía!

—Esta noche —continúa el emperador— escogeré yo mismo los regalos que vas a llevar. Te presentarás a los seres blancos y les dirás[34] que eres un noble de mi corte.

El emperador hace una pausa, mira a sus consejeros.

—Es todo, Tozani —me dice—. Puedes irte ya.

Hago una reverencia y salgo del salón real.

Viene hacia mí una muchacha. Me saluda y me guía a través de salones y pasillos. Nos detenemos en una sala con muchas ventanas y flores.

---

[34]les... *you will tell them*

—Éste es tu lugar de descanso, señor —me informa.
Luego me muestra las comodidades[35] de mi alojamiento: dos
mesas, varias sillas, un enorme armario de madera, candela-
bros rústicos con una infinidad de velas,[36] y una chimenea.[37]

Pasamos a otro salón. La muchacha señala hacia una
plataforma cubierta de mantas y cobijas;[38] es mi cama. Por
último, llegamos al baño, que es de apariencia muy moderna: una bañera de azulejos,[39] un inodoro[40] y varios
tubos de barro por donde corre el agua.

—Pronto te traigo la comida, señor —me dice la joven,
mientras jala una cuerda que cuelga del techo, en la sala
principal—. Si necesitas algo, llámame con esta cuerda.

Después de irse la jovencita, me acerco a una ventana y
admiro el patio de canales y jardines. La luz del día lo invade
todo. Todavía no estoy seguro de lo que estoy haciendo aquí,
ni de cómo llegué. No me explico cómo es que entiendo y
puedo hablar este idioma antiguo, el náhuatl; cómo he aprendido a comportarme entre esta gente, a ser uno de ellos.

Hago un esfuerzo[41] otra vez por recordar todo lo que
sé de este mundo. Pero es inútil; en ningún lugar de mi
memoria aparece Tozani. ¿Por qué estoy ocupando su
cuerpo y viviendo su vida?

Me dejo caer sobre la cama, que es muy suave. La muchacha regresa y me trae la cena, los platillos más sabrosos
y variados que he comido en mi vida. Después de comer
vuelvo a la cama y duermo tranquilo, sin sueños.

Ollín, mi segundo en mando, es un hombre musculoso y de
gran estatura. A la mañana siguiente, le pido que nos sirva

---

[35]*comforts, amenities* [36]*candles* [37]*fireplace* [38]*blankets* [39]*tiles*
[40]*toilet* [41]Hago... *I try; make an effort*

de guía. Él me mira confundido, pues Tozani debe conocer mejor que nadie estas tierras. Tozani es —¿yo soy?— el valiente jefe del ejército azteca. El mandato que acabo de hacerle a Ollín no tiene sentido, pero me obedece, y seguimos sus pasos.

Soportamos[42] el frío de las dos noches que siguen, el calor de los días. Los volcanes, como siempre, se alzan en la distancia. El cielo de este México es de un azul intenso. Pasamos por varios pueblos, casi todos muy pobres. Vemos gente medio desnuda, sucia, hambrienta.

—¡Qué injusticia! —exclamo. Ollín me mira y no dice nada. Sigue adelante con paso firme. Quizás no entienda el por qué de mi exclamación; o quizás sí, y por eso guarda silencio.

¿Puede ver Ollín esta injusticia? ¡Tanta gente explotada por el emperador! La civilización azteca es —era— avanzada y poderosa, sí. Pero, como todas las dictaduras, este gobierno abusaba de sus ciudadanos. El emperador exigía altos impuestos[43] y regalos de sus súbditos,[44] castigando a aquéllos que no podían pagar lo requerido, y a aquéllos que pedían más libertad.

Chalchi —la otra Chalchi del futuro— tiene mucha razón. La historia está llena de verdades terribles, de injusticias y ambiciones absurdas. El mundo parece estar dividido entre explotadores y explotados en todos los tiempos. ¿Pero tendrá que[45] ser siempre así?

Una noche, Ollín señala por fin las luces que aparecen a lo lejos. Me informa entonces que nos acercamos al campa-

---

[42]*We endure, put up with*   [43]*taxes*   [44]*subjects*   [45]tendrá... *will it have to*

mento de los blancos. Doy órdenes de acampar. Mis soldados obedecen, silenciosos.

Al campamento me acompañan Ollín y tres hombres
que cargan los regalos. Vamos guiados por la luz de nuestras
antorchas. Puedo reconocer cada árbol, cada vuelta del camino, cada pedazo de cielo. ¡Ésta es la ruta de los volcanes!

Descubrimos primero los cañones.[46] Y en seguida
vienen a nuestro encuentro cinco soldados españoles, todos
vestidos de guerra; sus trajes se ven gastados,[47] sus cascos
oxidados por la lluvia. Dos de ellos me ponen la boca de sus
armas en el pecho.

—¡Alto! —me gritan—. ¿Qué queréis?[48]

No digo una sola palabra, pues no quiero que sepan
que hablo su idioma. Les muestro las pieles y plumas, el
cacao, las piedras preciosas y, sobre todo, el oro. Hago
gestos de ofrecimiento. Les indico, con las manos, que estos
regalos son para su líder. Ellos sonríen y nos guían hacia
una de las carpas.[49]

Entramos, y allí nos recibe un hombre grueso de barba
roja. Debe de ser Alvarado.[50] Lo acompaña una mujer que
obviamente no es española. Alvarado nos mira, nos ins-
pecciona.

—Pregúntale quiénes son —le ordena a la mujer. Ella
nos habla en náhuatl, y ahora comprendo quién es. Se trata
de Malinche,[51] la intérprete y amante de Cortés.

Le pido a Ollín que conteste, y el guerrero obedece.

—Somos nobles de la corte del emperador Moctezuma
—explica—. Venimos mandados por él para hacerles llegar
estas ofrendas en su nombre. También, si así lo desean,
para guiarlos hasta nuestra capital, Tenochtitlán.

---

[46]*cannons*   [47]*worn out, thread-bare*   [48]¿Qué... ¿Qué quieren? (*Spain*)
[49]*tents*   [50]Pedro de Alvarado (1495–1541), segundo en mando bajo
Cortés en la conquista de México   [51]Malinche (c. 1500–¿1527?),
indígena que interpretó para Cortés y con quien el capitán tuvo un hijo

Malinche traduce al español lo que acaba de decir Ollín. Alvarado sonríe satisfecho.

—Entonces —afirma— debéis hablar con el capitán Cortés. ¡Seguidme![52]

Hernán Cortés está acostado sobre una cama improvisada. Se levanta cuando nos ve llegar. Es un hombre de mediana estatura, más bien bajo; tiene pelo negro, barba. Cortés nos saluda amablemente. Nosotros le mostramos los regalos.

—¡Qué bienvenida! —exclama. Luego nos habla por medio de su intérprete Malinche—. Acepto vuestra invitación. Estamos aquí precisamente porque queremos llegar a esa gran ciudad de la que todos hablan.

Cortés sonríe. Está tan cerca, tan a mi alcance.[53] Con un leve corte[54] de mi cuchillo podría acabar con él, cambiar el curso de la historia. Sería tan fácil.

Pero no. Yo no soy asesino, y no puedo culpar a Cortés de todo lo que va a ocurrir —todo lo que *ocurrió*— en México. Su llegada fue parte de un plan mayor, típicamente imperialista, de los reyes de España. Pero aún así, quizás la muerte de este hombre podría posponer la colonización de Tenochtitlán, quizás evitarla... ¡Quién sabe!

---

[52]¡Síganme! (*Follow me!*; *Spain*)   [53]a... *within my reach*   [54]*cut*

El capitán español Hernán Cortés (1485–1547).

Tres

Después del encuentro con los blancos, regresamos a nuestro campamento. El frío de la noche es intenso, pero los hombres lo resisten sin quejarse.[55] Algunos tienden[56] mantos y se duermen junto a sus lanzas, arcos y flechas.[57] Otros hacen hogueras[58] y se sientan a mirar el fuego. Ollín y yo también hacemos una hoguera y nos acomodamos para recibir su calor.

Tengo que tomar una decisión. ¿Guío a Cortés hasta la capital, haciéndome cómplice de su invasión, o lo destruyo? Sé que él está aquí porque desobedeció las órdenes del rey Carlos; llegó hasta estas tierras por intereses personales. Si destruyo a Cortés, el rey mandará de España a otro explorador, pero ya para entonces estaríamos preparados.

El ejército español es grande. Los españoles tienen sus cañones y caballos, pero no conocen este terreno como nosotros. No saben que podemos arrastrarnos[59] por el suelo como serpientes, llegar hasta ellos y atacarlos. Cortés y sus soldados no esperan agresión de nuestra parte. Quedaron convencidos de que Moctezuma va a abrirles las puertas de la ciudad. ¡La situación es ideal!

El posible plan de ataque: llegar hasta el campamento enemigo y sorprender a los soldados mientras duermen.

---

[55]*complaining*   [56]*spread out*   [57]*arcos... bows and arrows*   [58]*campfires*
[59]*drag ourselves*

Pero tengo tan pocos soldados, y esos pocos no van a comprender la razón de mi desobediencia. Van a temer la ira de Huitzilopochtli, la ira del Reverendo Padre. Además, antes de combatir a sus enemigos, ellos querrán[60] seguir el ritual de la guerra florida y hacer sus ofrendas de guerra. ¿Cómo explicarles que esos hombres no conocen nuestros ritos? Tendría que[61] convencerlos, primero, de que esos seres blancos son nuestros enemigos, y luego hacerles entender que la única manera de ganar es con un ataque secreto, sin anunciar la guerra.

Pero eso sería pelear a traición. Mi plan va en contra de las reglas ancestrales de esta gente. Es deshonroso.[62] Y sin embargo, sólo con una llegada de sorpresa podríamos[63] vencer. Nuestras armas de madera y obsidiana, las *maquahuine*, se harían pedazos[64] contra el fuego de las armas españolas. Mis soldados se quedarían paralizados con sólo mirar a los conquistadores. Los que para mí son hombres a caballo, para los aztecas son seres monstruosos, mitad ser humano y mitad animal.

Tal vez deba ir yo solo, introducirme en la carpa de Cortés y asesinarlo. ¡¿Pero qué estoy pensando?! ¡Yo no soy asesino! Soy estudiante de agronomía y vengo de un tiempo futuro, del siglo veintiuno. Allí, en ese futuro, soy un joven pobre en busca de éxito y felicidad. Aquí, de pronto, encarno a un famoso guerrero condecorado, a un valiente militar con la oportunidad de cambiar el curso de la historia. ¿Qué hago? ¿Actúo como Daniel Flores o como Tozani? ¿Cierro los ojos a esta oportunidad, o trato de evitar la destrucción de Tenochtitlán?

Aceptaré mi misión, mi verdadera misión en este viaje de regreso al año 1-Caña, *Acatl*, 1519. No me queda alternativa.

---

[60]*will want*   [61]Tendría... *I would have to*   [62]*dishonorable*   [63]*could we*
[64]se... *would be smashed to bits*

$\diamond$

El menor ruido puede descubrirme.[65] Ya casi llego a la carpa de Cortés. Hay un soldado a la entrada. Le doy un golpe con mi cuchillo de obsidiana y cae inconsciente. Encuentro a Cortés despierto, sentado. Está solo.

—¡Buenas noches! —lo saludo.

Cortés mira el arma que está sobre su cama, da unos pasos.

—¡Un paso más y te apuñalo![66] —le advierto.

—Hablas muy bien nuestra lengua —comenta, y se me acerca.

—Me alegra encontrarte solo —le digo—. Así no habrá[67] testigos de tu muerte, Hernán Cortés.

—¡Qué estúpido eres! —me grita el capitán—. En cualquier momento estarán aquí mis hombres. No vas a escapar con vida.

El español me da una patada y el cuchillo cae lejos de mí.

—Cuerpo a cuerpo[68] —me invita a pelear—. Sin armas, indio. ¡Defiéndete!

Me golpea el estómago y me deja sin aire. Me recupero. Lo golpeo con todas las fuerzas que puedo sacar de mis brazos. El conquistador cae al suelo, vencido. Me tiro sobre él[69] sin darle tiempo a incorporarse. ¡Qué increíble es ver así a Cortés, tan indefenso! ¿Cómo pudo esta persona afectar el destino de tanta gente?

Hernán Cortés: un navegante con grandes sueños y ambiciones. Debajo de su grueso traje de guerra, es sólo un hombrecito bajo y sucio, pálido y delgado, un hombre que en estos momentos me mira y me pide con los ojos que no lo mate.

---

[65]*give me away*   [66]te... *I'll stab you*   [67]no... *there will not be any*
[68]Cuerpo... *Hand-to-hand*   [69]Me... *I throw myself on him*

Agarro[70] mi cuchillo mientras Cortés trata de ponerse de pie. Voy a asesinarlo. *Tengo que matarlo.* Pero... no puedo. ¡No puedo! Yo no soy asesino.

Escucho los pasos de alguien; miro afuera y veo a Malinche, que se acerca a la carpa. Al entrar, corre inmediatamente a ayudar a su amante. Da un grito cuando me ve.

Afuera, muy cerca, se escuchan las voces de los soldados españoles. No hay escapatoria. ¿Moriré así, en el cuerpo de Tozani? Agarro a Malinche y le envuelvo el cuello con mi brazo. El capitán ya está de pie. Me rodean sus soldados.

—Si muero yo —le grito a Cortés— ¡también muere tu amante!

Él mira a la indígena, quien tiembla bajo el filo de mi obsidiana. Quizás al conquistador no le importe la vida de esta mujer. ¿Dará la orden a sus hombres de destruirnos a los dos? Aprovecho los largos minutos que pasan, y salgo de la carpa, sujetando fuertemente a Malinche. Parece que Cortés ha decidido dejarme escapar. Oigo su voz...

—Anda, noble azteca. ¡Corre! Y dile a tu emperador que pronto recibirá nuestra visita.

—Estaremos preparados —respondo.

—¡Tarde o temprano este mundo será mío! —grita él—. Y del rey don Carlos...

—¡Me encargaré yo de impedirlo!

Me subo a un caballo, levantando a Malinche y situándola delante de mí. Galopamos en la profunda oscuridad de la noche mexicana hasta llegar lejos del campamento español. En medio del campo abandono a la silenciosa mujer. Ella conoce bien estas tierras; podrá[71] encontrar el camino de regreso a su señor.

Desesperado, sigo la ruta hasta mi campamento. Voy pensando en otro plan. No pude matar a Cortés, pero quizás

---

[70]*I grab*   [71]*she will be able*

todavía sea posible reescribir el pasado. ¡Si sólo tuviera[72] una idea de quién fue Tozani! ¿Qué hizo por fin? ¿Qué logró?[73]

Lo único que puedo hacer ahora es hablar con Moctezuma, tratar de convencerlo de que está equivocado. ¡Tengo que hacerle ver la realidad!

◇

Hago el gesto acostumbrado de besar la tierra, y me quedo de pie ante el trono del gran Moctezuma. Se ve inquieto, nervioso. No lo acompañan sus consejeros.

—¿Por qué tardaste tanto en venir? —me pregunta—. Sé que llegaste anoche.

—Sí, llegamos anoche, Gran Señor. Estuvimos caminando dos días con dos noches sin parar. Quise descansar un poco antes de venir, para tener fresca la memoria. Tengo que informarte de muchas cosas.

—¡Habla ya! —me ordena, impaciente.

—Señor, hace veinte años que los primeros barcos salieron de la tierra lejana de España para explorar el océano hacia el oeste de sus costas. Los soldados que iban en esos barcos encontraron muchas islas y subyugaron a todos sus habitantes...

Guardo silencio, esperando la reacción del emperador. Me ordena seguir. Continúo:

—Durante los últimos veinte años, los hombres blancos han estado colonizando esas islas, convirtiendo a su gente en esclavos del rey español. Han estado mandando piedras preciosas, metales y semillas aromáticas a su país. La sed de riqueza[74] de estos hombres es insaciable. Su búsqueda[75] los trajo a estas tierras, y ya se acercan a Tenochtitlán.

---

[72]Si... *If I only had*   [73]¿Qué... *What did he accomplish?*   [74]*wealth*
[75]*search, quest*

Vienen dispuestos a tomar posesión de nuestro imperio. ¡A destruirnos!

Moctezuma da unos pasos, sin mirarme.

—Tienes gran imaginación, Tozani —me dice—. Demasiada para un soldado.

—Gran Señor, me pediste información, me pediste ayuda para aclarar este misterio. Pues bien, ¡te estoy diciendo la verdad! El jefe de los blancos no es un dios. Se llama Hernán Cortés y vive como los hombres; se emborracha[76] y se acuesta con mujeres como los hombres...

—¡*Ayyo!* ¡Silencio!

Moctezuma se queda pensando unos minutos.

—Tal parece —comenta, sin mirarme— que has olvidado en qué época estamos, Tozani. Es el décimosegundo[77] mes de nuestro año, *Teotleco*. El mes del regreso de los dioses.

—No, Señor. ¡Escúchame, por favor!

—Ha regresado Quetzalcóatl —anuncia el emperador—. Y debemos preparar el recibimiento.

—¡Gran Señor! —le grito, frustrado—. Vas a cometer un grave error. La invasión de los blancos se acerca.

—¡*Ayyo Ouiya Ayyo!* —Moctezuma exclama, y camina de un lado a otro, enfurecido—. ¡¿Cómo te atreves a decir que estoy errado?!

—Lo que te digo es la verdad, Señor.

—Eres tú quien se equivoca, Tozani.

—No. Yo sé muy bien...

—¡Silencio! Quetzalcóatl dijo que un día iba a regresar, en misión de paz y amor, a recuperar su reino. ¡Y lo has ofendido con tus dudas y tus cuentos! Sólo con sangre se puede limpiar esta ofensa, soldado, sangre del sagrado sacrificio.

—¡Reverendo Padre!

---

[76]*se... he gets drunk*   [77]*twelfth*

—Los dioses blancos van a entrar en esta ciudad muy pronto...

—Más pronto de lo que te imaginas, Señor.

—Y el día de su llegada van a recibir una gran bienvenida. Les abriremos nuestras puertas, y les ofreceremos un regalo: ¡tu corazón!

Los mismos soldados que antes me obedecían, ahora me encierran[78] en una celda[79] oscura. Moctezuma lo ha decidido. Voy a ser sacrificado. Su sentencia:

—No vamos a esperar la llegada de los dioses blancos. Tu sacrificio será mañana mismo, con la primera luz de Tonatiuh.

Tengo frío y hambre. Un guardia me trae comida y la devoro. Pido más; no me hacen caso. Me acomodo en un rincón. Voy a morir en este mundo extraño, una muerte que no me pertenece.[80] En este momento, torturado por la soledad, sólo sé que quiero vivir.

Escucho una voz conocida, suave a mis oídos... *¡Tozani!* Y veo a Chalchi, que corre hacia mí. La abrazo desesperadamente.

—¡¿Qué haces aquí, esposa?!

—El Reverendo Padre me permitió unos segundos a tu lado.

—Van a sacrificarme, Chalchi.

—Lo sé, Tozani. ¡Y quiero irme contigo, morir junto a ti! Nos besamos, llorando.

---

[78]me... *lock me up*   [79]*cell*   [80]que... *that isn't mine (doesn't belong to me)*

El primer encuentro entre Cortés y Moctezuma en Tenochtitlán.

—No —le respondo—. No puedes acompañarme. Tú no debes morir por mi culpa, por mi desobediencia.

—Mi vida no vale nada sin tu amor, Tozani.

—No digas eso. Tu vida vale mucho.

—¡Déjame ofrecer mi corazón también a Quetzalcóatl!

—Chalchi, querida mía, tengo algo que contarte. Debes escucharme y... creerme.

—Te escucho, Tozani.

—Yo llegué aquí de otro mundo, de un tiempo futuro.

—¿La era de los dioses blancos?

—Sí. En el mundo del que yo vengo, soy estudiante y me llamo Daniel... Daniel Flores.

Chalchi deja de llorar. Me mira con ternura[81] y tristeza.

---

[81]*tenderness*

—Llévame contigo a ese futuro, Tozani.

—Eso no es posible, amada mía. No sé cómo ni por qué llegué aquí. Tampoco sé cómo voy a volver.

—Habla con el dios creador de tu mundo. ¡Pídele a él una respuesta!

—¿A mi dios? Sería en vano, Chalchi.

—¿Por qué?

—Porque aquí, en la ciudad de los aztecas, el dios de mi futuro no existe.

Nos abrazamos. Chalchi me acaricia, me habla en susurros...

—Si es verdad que te llamas Daniel y vienes de otra era, dime, entonces, por qué tienes el cuerpo y la voz de mi esposo.

—No sé. Al principio pensé que la razón de mi viaje era matar al jefe de los blancos, e impedir así la destrucción del quinto sol. Pero no pude realizar ese objetivo, y tampoco voy a poder evitar mi sacrificio.

—¿Por qué viniste, entonces?

—Quizás... quizás viajé a este mundo sólo para evitar tu muerte, Chalchi. ¡Para salvarte! Porque tu vida es más importante para mí que todos los grandes eventos de esta historia.

—Lo que me cuentas es tan extraño, Tozani... Daniel.

—Chalchi, Chalchiunenetl, prométeme que vas a vivir. ¡Júralo![82] Júrame que no vas a ofrecer tu corazón a Quetzalcóatl.

—Está bien, te lo juro —me dice ella, llorando—. Viviré para adorar tu recuerdo. Pero acepta mi collar, entonces. Llévalo contigo al otro mundo...

Chalchi se quita su collar de obsidiana y me lo pone en las manos. Observo el hermoso objeto de obsidiana pura, el corazón con su dibujo de un águila majestuosa.[83]

—Sí, lo acepto, Chalchi —murmuro, y me lo cuelgo.

_____

[82]*Swear it!*   [83]*majestic*

—Porque seas quien seas,[84] mi corazón te pertenece sólo a ti... esposo.

Cinco soldados me sujetan fuertemente. Me llevan a lo largo de la plaza, hasta la Gran Pirámide. Escucho los gritos de la gente. *¡Ayyo Ouiyya!* Se despiden del bravo guerrero Águila de Guerra, quien tuvo el valor de desobedecer al gran Huey-Tlatoani Moctezuma.

Entramos en el templo de Huitzilopochtli. Está oscuro y apesta a sangre seca. Encienden varias antorchas y me atan[85] a la piedra de los sacrificios. Cierro los ojos, exhausto, vencido. Me desnudan con violencia. Sobre el suelo, a mi lado, colocan mis armas.

Los soldados se van. Aparece entonces un hombre vestido de plumas, maquillado de blanco. Es el sacerdote. En la mano derecha sujeta un cuchillo de obsidiana. Detrás de él viene Moctezuma, quien hace un gesto con la mano.

—*¡Yya Ayya Ouiya!* —grita el sacerdote, mirando hacia el cielo—. Para ti, Huitzilopochtli. El corazón de este guerrero va a saciar tu hambre.

—*¡Yya!* —grita el emperador—. Para ti, Quetzalcóatl, un corazón que guíe tu llegada a Tenochtitlán, a este centro del universo y... ¡de tu imperio!

—Estamos preparados —me dice el sacerdote— para concederte un último deseo, Tozani. ¡Habla, guerrero!

Sé que debo pedir el honor de esta muerte. Eso es lo que esperan de mí. Ir en contra del ritual es condenarme a la oscuridad eterna. Debo decir que mi último deseo es recibir el honor de la muerte florida. Debo afirmar que me alegro de morir en este momento, en esta era gloriosa iniciada en el año 13-Caña, era del Quinto Sol. Debo aceptar

---

[84]seas... *whoever you are*   [85]me... *they tie me*

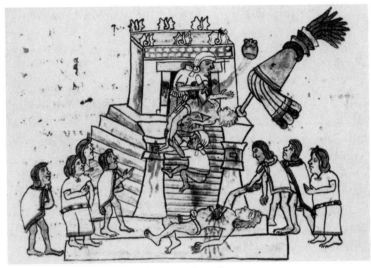
El sacrificio a Tonatiuh, dios del sol.

el puñal[86] de obsidiana en mi pecho. Pero no puedo. Porque yo no soy Tozani.

—Sí, tengo un último deseo —grito, con temblor en la voz—. ¡Quiero vivir! ¡No quiero esta muerte injusta!

Moctezuma viene a mi lado. Sus ojos están encendidos. Da una orden y el sacerdote levanta el brazo. Le tiembla la mano que sujeta el cuchillo. En cualquier momento caerá sobre mi pecho y me sacará el corazón.

—¡Quiero vivir! —grito.

Siento dolor en todo el cuerpo; es como una pequeña serpiente que viaja por mi sangre, devorándome. Luego me invade el sueño. *¡Vivir!* Me hundo.[87] Trato de salir de este trance de muerte para llamar a mi esposa, pero ya no tengo voz. Siento frío, un frío que me congela. *¡Vivir!*

Me hundo hasta el centro y corazón de una enorme montaña.

---

[86]*dagger*   [87]Me... *I sink*

Parte III

Los volcanes Popocatépetl e Iztaccíhuatl.

*E*scucho una voz de mujer que pronuncia mi nombre... *Daniel.* ¡Mi verdadero nombre! Tengo frío. Me cubro con la cobija y siento un calor confortante. La voz se hace más fuerte... *¡Daniel!* Abro por fin los ojos y veo a mi madre sentada a mi lado.

—¡Mamá!

—¿Quieres un cafecito, hijo?

—Sí, sí...

—¿Dormiste bien?

—Más o menos. Tuve un sueño increíble.

—Soñaste con Chalchi, ¿verdad?

—Sí. ¿Cómo lo sabes?

—Es que murmuraste varias veces su nombre.

Trato de recordar los sucesos[1] del día anterior, el día de esta realidad, no la de Tozani. Y recuerdo claramente que estaba con Chalchi ayer. Sí, me quedé dormido a su lado, al pie de los volcanes. Me dormí tratando de imaginar ese mundo nuevo que ella quiere inventarles a nuestros hijos. ¡Y qué mundo logré imaginarme!

Lo que no recuerdo es cómo y cuándo llegué aquí. Obviamente, Chalchi y yo nos separamos en algún momento y cada cual se fue a su casa... Pero, bueno, esos detalles no importan. Estoy otra vez en Ayapango, en el siglo veintiuno, y he vuelto[2] a la vida de Daniel Flores. Eso es lo importante. He vuelto a mi vida.

—Chalchi pasó por aquí temprano esta mañana —me informa mi madre—. Pero no quiso despertarte. Te trajo atole. ¡Se veía tan contenta! Me dijo que te espera donde los volcanes, que no se moverá de allí hasta que llegues.

—Mamá —le digo, abrazándola—, Chalchi y yo... nos hemos comprometido[3] para casarnos.

---

[1]actividades, eventos   [2]*returned*   [3]nos... *we're engaged*

—¡Ay, hijo, qué buena noticia!

—Todavía no hemos decidido la fecha, pero será pronto.

—Pues no me sorprende la noticia, Daniel. Ustedes se quieren tanto, desde que eran chamaquitos.[4] De hecho, a veces pienso que ya estaban unidos antes de nacer.

—Yo estoy totalmente seguro de eso, mamá.

—Qué ideas tan raras se nos ocurren, ¿verdad, hijo?

—Sí —reacciono, riéndome—. ¡Qué ideas!

Recorro la casita de mis padres. Nada ha cambiado. Ahí están las dos vacas, el caballo, el maíz, el nogal. Y mi querida madre, quien me prepara una taza de café fuerte y dulce.

Nada ha cambiado aquí afuera. Pero dentro de mí...

Aliviado por la calma de la mañana y feliz de estar vivo, repaso los detalles de mi extraño viaje. Y viene a mi mente, por fin, la leyenda del guerrero Tozani, una de las más populares en Ayapango. ¿Por qué no podía recordarla en mi sueño?

Según la leyenda, el desobediente Tozani fue sacrificado junto a su esposa, porque ella pidió morir con él. Pero al momento de su muerte, los amantes recibieron un gran premio. La diosa del amor, Xochiquétzal, los convirtió en volcanes.

Por la ventana veo en la distancia a mis dos viejos amigos, Iztaccíhuatl y Popocatépetl. Allí, junto a ellos, me espera Chalchi para unir su vida a la mía. Me imagino que allí también están el guerrero y su amada, eternamente juntos.

---

[4]niños (*coll. Mex.*)

En mi maravilloso sueño, yo era ese hombre y estaba casado con una joven y hermosa mujer. ¡Una mujer que yo pude salvar! Sí, aquella Chalchiunenetl me prometió que iba a vivir, que no se entregaría al sacrificio. *Porque mi corazón te pertenece sólo a ti...*

$$\diamond$$

Me desvisto[5] para darme un baño y descubro que llevo puesto el collar de Chalchi. Seguramente mi novia me lo puso ayer mientras dormía. Me lo quito, lo miro, y entonces me doy cuenta de un detalle extraordinario: El corazón es de obsidiana, pura obsidiana, ¡y tiene el dibujo de un águila!

No, no puedo creerlo. Aquel collar de Chalchi —la otra Chalchi del pasado— está aquí en mis manos. Sé que es imposible que lo tenga, pero no cuestiono su existencia. ¿Qué ganaría con eso? Quiero aceptar este regalo fantástico sin preguntas ni explicaciones, pues ahora es parte de la historia... de nuestra pequeña historia.[6]

---

[5]*Me... I undress* [6]*de... our personal history* (lit., *our small history*)

Epílogo

La figura del guerrero Tozani Águila de Guerra es legendaria, mítica. No hay ningún dato histórico que corrobore su existencia. Sin embargo, para muchos habitantes de Ayapango, Tozani es el más real de todos los personajes del Descubrimiento.[1]

Según los relatos orales de Ayapango, Hernán Cortés pasó por el pueblo en su ruta hacia Tenochtitlán. Un mensajero viajó a la capital y le contó al emperador de aquellos seres monstruosos, mitad hombre y mitad animal, con armas que vomitaban fuego. La orden del emperador fue no hacer resistencia, pues pensó que se trataba del regreso de Quetzalcóatl. Mandó una comisión a encontrar a los blancos, y al frente puso a un joven guerrero llamado Tozani.

Tozani nunca creyó que aquellos hombres barbudos[2] fueran[3] dioses. Desobedeció al emperador y trató, inútilmente, de matar a Hernán Cortés. Luego regresó a Tenochtitlán y habló con Moctezuma. Le dijo que aquellos invasores eran seres humanos. Le contó del mal olor de sus cuerpos, de su obsesión por el oro. Aquellos «dioses» no reaccionaban al nombre de Quetzalcóatl ni de Tenochtitlán, y se comunicaban en una lengua extraña muy diferente al náhuatl.

---

[1]*Discovery (Conquest of the Americas)* [2]*bearded* [3]*were*

El valiente guerrero le advirtió al Reverendo Padre que debía prepararse para combatir a los invasores, porque venían a destruir a los aztecas. Pero Moctezuma se enfureció, no sólo porque Tozani le había desobedecido, sino también porque ahora el dios Quetzalcóatl estaría ofendido y dejaría caer sobre Tenochtitlán su furia.

Para contentar a Quetzalcóatl, Moctezuma mandó otra comisión cargada de regalos: semillas de cacao, piedras preciosas, plumas y especialmente oro. Quiso también limpiar la ofensa cometida por Tozani, sacrificándolo en la Gran Pirámide.

$$\diamondsuit$$

Tozani estaba casado. Su esposa se llamaba Chalchiunenetl y, a petición de ella, fue sacrificada junto a su esposo. Sus corazones fueron guardados, y luego presentados a Hernán Cortés cuando éste llegó por fin a la capital azteca.

Muchas personas de Ayapango piensan que el espíritu de Chalchi vive aún en el volcán Iztaccíhuatl, y que el de Tozani habita el centro y corazón de Popocatépetl.

Actividades para los estudiantes

The following activities are best completed after you have finished reading each of the stories, although your instructor may choose to assign them in a different order.

Mi querida cuñada

A. LA ISLA DEL ENCANTO

1. Mire el mapa de Puerto Rico que se encuentra en la página 3 de este libro. ¿En qué mar está situada esta isla? ¿Sabe usted cómo se llaman las islas vecinas?
2. La historia de la isla es rica en anécdotas de esclavos, piratas y tesoros perdidos en el mar. Muchos llaman a Puerto Rico «la isla del encanto» (*enchantment*). ¿Qué elementos de encanto asocia usted con una isla? ¿Cuáles son los encantos que se encuentran en «Mi querida cuñada»?

B. LA HISTORIA: TRES FACCIONES

Puerto Rico fue una colonia de España desde que llegó Cristóbal Colón, en 1493, hasta 1898, año en que España perdió sus últimos territorios en América y en que los Estados Unidos tomaron posesión de la isla. Hoy día Puerto Rico es un Estado Libre Asociado (*Commonwealth*) a los Estados Unidos. Esto significa que tiene su propio gobierno, pero que está bajo la protección estadounidense. Como resultado de estos acontecimientos, en Puerto Rico se han formado tres facciones políticas: los «independentistas», que quieren la independencia total de la isla, los «estadistas», que son los partidarios de la unión total de Puerto Rico a los Estados Unidos y los «populares», que quieren mantener la situación política actual.

1. Considerando esta información histórica, ¿qué facción política posiblemente representa Marie? ¿Por qué? Explique ofreciendo ejemplos: comentarios que hace el personaje, sus opiniones, etcétera.
2. ¿Qué facción podría representar Vicente? Explique con ejemplos.
3. ¿Cómo se relacionan los dos personajes?
4. ¡A imaginar! El cuento está narrado por Vicente, y por eso conocemos sólo sus pensamientos. Pero imagínese que la narración es de Marie. ¿Qué piensa ella de su compañero de viaje? ¿Cuáles son sus preocupaciones? ¿Qué observaciones hace?

C. LA CIUDAD Y EL CAMPO

Vicente y Marie hablan de varios temas en el coche; uno de ellos es la vida en la ciudad. Es evidente que Marie prefiere la ciudad y Vicente el campo.

1. ¿Qué dice cada personaje del lugar que prefiere?
2. En su opinión, ¿cuáles son las ventajas y desventajas de vivir en la ciudad? ¿Cuáles son las de vivir en el campo? ¿Dónde preferiría vivir usted? ¿Por qué?

D. LA PLURALIDAD DE CULTURAS

Una persona que ha vivido en otros países o desciende de inmigrantes se puede considerar bicultural o multicultural. Es decir, esta persona ha recibido la influencia de más de una cultura.

1. Considere el personaje de Marie. Nació en Quebradillas pero vivió por mucho tiempo en Nueva York. También le fascina lo francés. ¿Se puede decir que Marie es multicultural? ¿Qué detalles de su personalidad revelan la influencia de la cultura norteamericana? ¿Cuáles reflejan la cultura puertorriqueña? ¿Cómo puede interpretarse su admiración por lo francés?
2. ¿Representa Marie una imagen positiva o negativa del multiculturalismo? ¿Por qué?
3. Describa su propia experiencia. ¿Conoce usted a alguien que pueda considerarse multicultural? ¿Qué culturas contribuyeron a formar el carácter de esa persona? ¿Cuáles son los aspectos más interesantes de su personalidad?

4. ¡Descríbase a sí mismo/a! Si usted se considera una persona bicultural o multicultural, narre su historia brevemente. ¿Qué culturas o idiomas le han influido más?
5. Considerando los problemas que la discriminación produce en nuestra sociedad, ¿por qué es necesario, en su opinión, que tengamos una conciencia multicultural?

E. EL REGRESO A CASA

1. Vicente desea volver a su casa en el pueblo de Quebradillas. ¿Qué es lo que le ofrece esa casa? ¿Por qué es tan importante para él? Describa las observaciones que él hace al regresar.
2. ¿Podríamos decir que también Marie regresa al «hogar»? Interprete el siguiente comentario del personaje: «Esta minúscula isla tarde o temprano llama a su gente. Nos busca, nos atrapa».
3. ¿Qué significa el regreso al hogar para estos personajes?
4. ¿Qué otros cuentos, novelas o películas conoce usted que exploran el deseo de «regresar a casa»? ¿Qué implica el regreso para los protagonistas?

F. LA CONFUSIÓN DE VICENTE

Vicente está confundido porque su madre le dice que el camionero, don Manuel, lo llevó a casa. Él está seguro de que fue Marie quien lo dejó en Quebradillas. ¿Qué pasa de verdad cuando Vicente viaja de regreso a su pueblo? Comente las siguientes hipótesis con un compañero / una compañera de clase. ¿Qué explicación les parece más posible? Después de discutir las tres, ¡ofrezcan una original!

1. A causa del calor y del cansancio, Vicente sufre alucinaciones; ve un monstruo y después a una mujer en un Cadillac.
2. Vicente se desmaya después de ver la foto de las hijas del camionero. Sueña con una de ellas y por eso le es familiar la cara de Marie.
3. Vicente tiene una visión del futuro y toda la situación con Marie es una profecía de lo que va a pasar en su vida.

G. EL CAFETÍN: LA COCINA PUERTORRIQUEÑA

1. Cuando Vicente y Marie paran en el cafetín, la mesera les dice que el menú es limitado. ¿Qué comidas y bebidas les puede servir?

2. ¿Qué pide Marie y qué pide Vicente?
3. ¿Ha probado usted algunos de estos platillos típicos de Puerto Rico? ¿Cuál(es) le gustaría(n) probar?
4. ¡A imaginar! Cuando Vicente vuelve al cafetín solo, la mesera le explica que en su restaurante se sirve mucha más comida de la que él nombra. En una isla tropical, ¿qué otros platillos podría ofrecer el menú del cafetín?
5. Compare la primera experiencia de Vicente en el cafetín con su experiencia cuando vuelve solo. ¿Qué cambios han tenido lugar (*taken place*) en el restaurante? ¿A qué se deben estos cambios? ¿Piensa usted que hay razones políticas o económicas? Explique.

H. CONVERSACIONES IMAGINARIAS

Con un compañero / una compañera de clase, escojan una de las siguientes situaciones e imaginen una conversación entre los personajes. Luego compartan su diálogo con los otros estudiantes de la clase.

1. Cuando Marie y Vicente llegan a Quebradillas, ella lo invita a visitarla en casa de su hermana. Vicente decide hacerlo un día. Describa esta escena. ¿De qué hablan los personajes?
2. Los padres de Vicente están preocupados por la desorientación y el cansancio de su hijo, y conversan sobre este problema. ¿Qué pueden hacer para ayudarlo?
3. Vicente se encuentra con el camionero que le dio pon, y le hace muchas preguntas sobre «aquel viaje». ¿Qué responde el camionero? ¿Cómo reacciona Vicente a sus respuestas?
4. Vicente y Laura están casados. Marie los visita de vez en cuando. Un día Vicente decide hablarle a Marie de aquel viaje que hicieron juntos a Quebradillas, y de lo que ella dijo de él. ¿Cómo cree usted que va a reaccionar Marie? ¿Habrá (*Will there be*) una pelea?

I. VICENTE, EL DETECTIVE

Usted es Vicente y se ha convertido en detective de su propio caso (*your own case*). Además de discutir el asunto con sus padres, y de volver al cafetín para hablar con la dueña, ¿qué otras pistas (*clues*) buscará para resolver el misterio? ¿Con quién(es) más hablará? ¿Qué espera encontrar? ¡Apunte los datos en su cuaderno de detective!

J. LOS ESTEREOTIPOS

1. Compare al personaje de Marie con el de la madre de Vicente. ¿Son estos personajes estereotipos de la mujer? ¿Cómo es la madre tradicional? ¿Cómo representa Marie la imagen de la mujer moderna? ¿Hay aspectos de la mujer tradicional en Marie y elementos de la mujer moderna en la madre de Vicente? Explique.

2. Cuando Vicente regresa de sus vacaciones, su madre le dice: «¡La capital corrompe a los jóvenes!» ¿Está usted de acuerdo con ella? ¿Qué reputación tienen los jóvenes de las ciudades grandes en comparación con los provincianos? ¿Cree usted que esa reputación está basada en estereotipos de los jóvenes, o de la gente en general? ¿Es la corrupción producto del ambiente de la ciudad o hay algo innato en el individuo que lo inclina al vicio?

3. Después de casarse, Vicente tiene varios trabajos: Ayuda a su padre con las faenas del campo y también maneja el camión de su suegro. Obviamente, estas labores no requieren mucha preparación. ¿Reflejan estos empleos las oportunidades que tiene la gente en un pueblito? ¿Qué oportunidades puede haber para la gente profesional en una ciudad pequeña?

4. Al concluir el cuento, Vicente nos informa que consiguió un trabajo de cajero en un banco. ¿Es la vida de este personaje un estereotipo de la vida simple en las provincias?

K. LA RESEÑA

Usted trabaja para la revista *Ficción de hoy* y tiene que escribir una reseña (*review*) de «Mi querida cuñada». Usando las preguntas básicas, **¿quién?, ¿qué?, ¿cuándo?, ¿dónde?, ¿cómo?** y **¿por qué?**, prepare un breve resumen del cuento. Al concluir, ¡ofrezca su opinión! Puede usar las siguientes preguntas como guía.

1. ¿Quién es el protagonista? Descríbalo brevemente.

2. ¿Cuándo y dónde tiene lugar el cuento?

3. ¿Qué le pasa al personaje principal? ¿Cuál es su conflicto? ¿Qué busca?

4. ¿Cómo termina el cuento? ¿Le parece un final interesante? Explique.

5. ¿Ha leído usted otros cuentos con temas o personajes similares? Dé algunos ejemplos.

6. ¿Cuál es su opinión de la obra?

L. REFLEXIONES PERSONALES

1. Piense en todos los personajes de «Mi querida cuñada»: Vicente, Marie, la madre y el padre de Vicente, don Manuel el camionero, la dueña del cafetín, Laura. ¿Con cuál de ellos se identifica usted más? ¿Por qué? ¿Cuáles son las características de ese personaje que le atraen a usted?

2. ¿Tiene usted espíritu aventurero o es una persona prudente? ¿Cree que podemos encontrar aventuras en la vida cotidiana (*daily*)? Describa lo que usted considera una aventura emocionante.

El último sol

A. EL VIAJE DE LOS AZTECAS

Los antiguos mexicanos salieron de Aztlán, tierra árida y fría, para buscar una zona más fértil. Pensaban que al sur había un mejor lugar para vivir.

1. Piense en los éxodos del mundo moderno. ¿Por qué emigra la gente hoy día? Mencione por lo menos tres razones.

2. ¿Ha tenido usted que emigrar? ¿Tiene antepasados o parientes inmigrantes? ¿Cuándo llegaron a este país? Cuente algunas de sus experiencias.

3. Una de las características de la sociedad moderna es que la gente se muda (*move, relocate*) con frecuencia. ¿Se ha mudado usted recientemente? ¿Por qué?

4. En su opinión, ¿cuáles son las ventajas y desventajas de mudarse, especialmente de una ciudad a otra, o de un país a otro?

B. UN LUGAR IDEAL

El dios de los aztecas les habló de un lugar ideal donde debían fundar su ciudad. ¿Tiene usted una visión de un lugar ideal? Imagínese este sitio y descríbalo en detalle.

1. ¿Cuáles son los símbolos que representan este lugar, tal como el águila sobre el nopal que representaba el sitio ideal para los aztecas?
2. ¿Cómo es la geografía de este lugar? ¿Está cerca del mar? ¿Tiene montañas, valles, ríos?
3. ¿Tiene este sitio muchos pueblos y ciudades? ¿una capital grande e importante?
4. ¿Diría usted (*Would you say*) que este lugar es una utopía? ¿Qué entiende usted por «utopía»? ¿Cuáles son las características de un lugar utópico?

C. EL EXPANSIONISMO Y LAS GUERRAS FLORIDAS

Los aztecas no sólo querían buscar un lugar más fértil; también buscaban la expansión de su imperio. Por eso en las guerras floridas conquistaban otros territorios.

1. ¿En qué se parecen la invasión española de México y las guerras floridas de los aztecas? ¿Tienen estas dos invasiones elementos en común? ¿Cuáles son?
2. ¿Hay casos de expansionismo hoy día? ¿Dónde?
3. ¿Por qué quieren los países conseguir más territorio? Mencione por lo menos tres motivos.
4. En su opinión, ¿qué se sacrifica en el expansionismo moderno? ¿Se gana algo, además de territorio?

D. ¡ESCRIBA UN POEMA!

En el poema de la antología *Los Metzli*, el poeta expresa el amor que siente por su ciudad, Tenochtitlán. Piense en un lugar que usted aprecia mucho. ¿Cómo lo describiría? Use el poema que aparece en *El último sol* como guía y... ¡escriba un poema en honor a su lugar!

Entre _____ naciste un día, _____ (lugar)
para brillar en _____
Tu corazón: el corazón de _____
Tu voz: la voz del sol, la voz de _____

E. EL CALENDARIO AZTECA Y LAS ERAS

En el calendario azteca, el tiempo estaba marcado por eras (también llamadas «soles») que se cerraban con catástrofes. El primer sol fue destruido por tigres, el segundo por vientos, el tercero por lluvia ardiente, el cuarto por agua y el último por la invasión de los españoles.

1. En la concepción moderna del tiempo, ¿es necesaria una catástrofe o algún tipo de destrucción para marcar el fin de una era?
2. Piense en la historia del siglo XX. ¿Cuántas eras distintas se encuentran en ese siglo? ¿Cuáles serían sus nombres? ¿Qué evento marca el fin de cada una? ¿En qué era estamos ahora?
3. En su opinión, ¿qué demuestran estas eras acerca de nuestra civilización?

F. LOS SÍMBOLOS

El collar que Daniel le regala a Chalchi es un símbolo, pues representa el amor y la promesa de matrimonio. El águila sobre el nopal también es un símbolo. Para los aztecas representaba un lugar ideal o soñado.

1. ¿Cuál es la importancia de los símbolos para una cultura?
2. ¿Hay una diferencia entre un símbolo personal y un símbolo nacional? ¿Cuál es la función de estos símbolos?

Cada país del mundo tiene una bandera que contiene símbolos. En la bandera de los Estados Unidos, por ejemplo, cada estrella simboliza un estado. Mire la foto de la bandera de México.

3. ¿Cuál es el símbolo predominante de esta bandera?
4. ¿Qué significa este símbolo?
5. ¿Cómo figura el pasado en la selección de los símbolos del presente?

G. LA VIDA ETERNA: ¿EN QUÉ FORMA?

A Daniel le gusta mucho contemplar la vista de los dos volcanes, Iztaccíhuatl y Popocatépetl. Según la leyenda, en estos volcanes habitan los espíritus de Tozani, el guerrero rebelde, y de su esposa Chalchi. La diosa del amor los convirtió en volcanes en el momento de su muerte; así podían estar juntos por una eternidad.

1. ¿Cómo representan estos volcanes también a Daniel y a su novia Chalchi?
2. Imagínese que usted es personaje de una leyenda y que está muy enamorado/a. Quiere vivir eternamente con su amante. Los dioses les dan a usted y a su amante la oportunidad de escoger la forma que tendrán (*you will have*) en la vida eterna. ¿En qué quiere usted que los dioses los conviertan? Siga el modelo.

Quiero que los dioses nos conviertan en _____
porque _____.

Sugerencias: volcanes, flores, mariposas, árboles, plumas, nubes, casas

H. PLANES PRÁCTICOS Y LA PASIÓN DE LA VIDA

Daniel va a estudiar ingeniería en la capital para poder ayudar a sus padres con el trabajo de la granja cuando termine sus estudios. Pero su verdadera pasión es la historia. No sigue la carrera de historiador porque no la considera práctica.

1. ¿Qué hace Daniel para satisfacer su pasión por la historia? ¿Adónde lo lleva su pasión?
2. ¿Puede la pasión llevarnos a otros mundos? ¿Cómo?
3. ¿Qué carrera ha seleccionado usted? ¿La escogió por razones prácticas o porque lo/la apasiona?
4. ¿Cuál es la pasión de su vida? ¿Qué hace para realizarla?

I. LA HISTORIA OFICIAL Y LA HISTORIA PERSONAL

Daniel y Chalchi discuten el tema de la «historia». Daniel piensa que la historia debe documentar los grandes acontecimientos de una sociedad. Chalchi no está de acuerdo. Ella opina que «la historia es la gente, tú y yo, nuestras familias». Piensa que las historias personales y los mitos de una cultura son tan importantes como la historia oficial de los libros.

1. En *El último sol,* ¿cuáles son los eventos que representan la historia oficial? ¿Cómo se puede describir la historia personal de Chalchi y la de Daniel? ¿Qué mitos se mencionan?
2. ¿Cuál es la conexión entre la historia oficial de México, los mitos y las historias personales de Daniel y Chalchi? ¿Cuál es la importancia de esta conexión?
3. Daniel piensa que ha viajado al pasado para evitar la colonización de su país. En su opinión, ¿cómo sería México hoy día si Cortés hubiera muerto (*had died*) antes de la conquista y los españoles nunca hubieran ocupado (*had occupied*) Tenochtitlán? ¿Qué historia aprenderían los niños mexicanos?

J. LA HISTORIA: ¡IMAGINE Y OPINE!

Al viajar al pasado y encarnar al guerrero Tozani, Daniel Flores se propone reescribir la historia.

1. Si usted pudiera (*If you could*) cambiar el curso de la historia, ¿qué acontecimiento del mundo cambiaría? ¿Cómo lo cambiaría? ¿Por qué?
2. ¿Cuáles son los eventos más importantes en su historia personal? ¿Cómo se relacionan estos eventos con la historia oficial de su país? ¿Hay algunos mitos de su cultura que sean significativos en su historia personal?
3. Defina lo que usted entiende por «historia».

K. LA SUPERSTICIÓN: EL NÚMERO 13

Cuando Daniel/Tozani visita a Moctezuma, el emperador le encarga la misión de llevarle regalos a Cortés y de averiguar la razón de su llegada. Moctezuma le da trece soldados. Daniel recuerda entonces que el quinto sol nació en la fecha ceremonial de 13-Caña.

Para los aztecas, el número trece significaba buena fortuna. Ellos también dividían su calendario anual en trece meses.

1. ¿Qué significa el número trece en nuestra cultura moderna? Ofrezca algunos ejemplos del miedo al número trece que existe en nuestra sociedad.

2. ¿Por qué tiene nuestro calendario anual doce meses en vez de trece, como el de los aztecas?

3. ¡Descríbase a sí mismo/a! ¿Es usted una persona supersticiosa? ¿Qué supersticiones tiene? ¿En qué se basan sus supersticiones? ¿Se basan en experiencias negativas que ha tenido? ¿Son parte de una tradición cultural? ¿Son creencias de su familia?

L. LA DESOBEDIENCIA: ¿QUÉ HARÍA USTED?

Tozani no obedeció las órdenes de Moctezuma y peleó con Hernán Cortés. Él tenía buenas intenciones —quería evitar la conquista de México—, pero recibió la pena de muerte porque desobedeció las órdenes de su emperador.

1. ¿Cree usted que Tozani simplemente debía haber obedecido (*should have obeyed*) a Moctezuma, sin pensar en las consecuencias?

2. Imagínese que usted es Daniel/Tozani. ¿Qué haría (*would you do*) en su lugar? ¿Trataría de matar a Cortés?

3. ¡Descríbase a sí mismo/a! En general, ¿obedece usted a sus superiores (sus padres, su jefe, el gobierno) sin pensar, o rompe las reglas a veces cuando cree que tiene razón?

M. EL VIAJE POR EL TIEMPO

Daniel no está seguro si realmente vivió su extraña aventura. Pero no quiere buscar explicaciones lógicas; por ejemplo, decir que «soñó» su experiencia. Según él, su caso no es tan simple. Lo importante es que Daniel logró viajar por el tiempo y visitar otro momento histórico. Y esta visita lo transformó.

1. Al final, Daniel tiene una prueba de que su experiencia no fue sólo un sueño. ¿Cómo podríamos (*could we*) explicar su viaje, entonces? ¿Piensa usted que Daniel viajó verdaderamente por el tiempo? ¿Qué otras posibilidades puede ofrecer usted? ¡Use su imaginación!

2. Si usted tuviera (*If you had*) una máquina del tiempo, ¿adónde iría? ¿En quién se convertiría? ¿Cómo viviría? ¿Por qué?

3. ¿Ha visto (*seen*) usted algún programa de televisión o alguna película con el tema del viaje por el tiempo? ¿Ha leído una novela o un cuento con ese tema? Describa la trama de uno de esos programas, obras o películas. ¿Le gustó? Explique.

4. En su opinión, ¿por qué tienen tanto interés los seres humanos en la idea de viajar por el tiempo? ¿Cuál es la posible base de esa fascinación?

N. EL SACRIFICIO

El tema del sacrificio es importante en *El último sol*, pues el cuento presenta un sacrificio ritualista —el de Tonatiuh— y uno personal: el de Chalchi, la esposa de Tozani.

1. ¿Cuáles son las creencias o ideas en que se basan los sacrificios ritualistas, es decir, los sacrificios de seres humanos y de animales?

2. ¿En qué se parecen los sacrificios de los aztecas a los del mundo de hoy?

3. ¡Descríbase a sí mismo/a! En la leyenda del guerrero Tozani, Chalchi se sacrifica por su esposo porque lo quiere con toda su alma y no desea vivir sin él. ¿Se sacrificaría usted por alguien o por algo? ¿Qué tipo de sacrificio estaría dispuesto/a a hacer?

O. ¡ESCRIBA UNA RESEÑA!

Usted trabaja para la revista *Historia y ficción* y tiene que escribir una reseña de *El último sol*. Usando las preguntas básicas de un reportero, **¿quién?, ¿qué?, ¿cuándo?, ¿dónde?, ¿cómo?** y **¿por qué?**, prepare un resumen del cuento. Luego dé su opinión sobre la obra. Puede usar las siguientes preguntas como guía.

1. ¿Quién es el protagonista? Descríbalo brevemente.

2. ¿Cuándo y dónde tiene lugar el cuento?

3. ¿Qué le ocurre al personaje principal? ¿Cuál es su conflicto? ¿Qué busca?

4. ¿Cómo termina el cuento? ¿Qué le parece este final?

5. ¿Ha leído otros cuentos o novelas con personajes o temas similares? Dé algunos ejemplos.

6. ¿Cuál es su opinión de la obra?

P. LOS DOS CUENTOS

Ahora que usted ha leído los dos cuentos, piense en los elementos que tienen en común.

1. En las dos obras aparecen los temas del amor y de la familia. ¿Qué otros temas se presentan?
2. En *Mi querida cuñada* y *El último sol*, el protagonista es un joven que tiene una experiencia extraordinaria, un «viaje fantástico». ¿En qué se parecen las dos aventuras? ¿En qué manera son diferentes? Explique.
3. Ambos jóvenes regresan de la capital al hogar de su familia y adquieren cierto conocimiento de sí mismos. ¿Qué aprenden? ¿Qué aspectos de su personalidad o sentimientos descubren?
4. Para los protagonistas, ¿valió la pena hacer el viaje? ¿Por qué? Explique.

Q. REFLEXIONES PERSONALES: EL MENSAJE

1. Piense en la cultura puertorriqueña en que se basa *Mi querida cuñada* y en la historia de México que sirve de base para *El último sol*. ¿Qué aprendió usted sobre la cultura de Puerto Rico y la historia mexicana al leer *Viajes fantásticos*?
2. ¿Cuál es el mensaje que se presenta en este libro? ¿A quién(es) va dirigido? ¿Le parece un mensaje importante? ¿Valió la pena leer este libro para descubrirlo?

Sugerencias para el profesor / la profesora

The following suggestions are coordinated activity by activity with those in the preceding section, **Actividades para los estudiantes.** It is not necessary to have students complete all of the suggested activities.

Most activities are best done after students have read the stories in their entirety, but you may find **sugerencias** that you can implement to guide class discussion as students are working their way through the stories.

Mi querida cuñada

A. LA ISLA DEL ENCANTO

The first part of this activity is appropriately done before students begin to read the story. Bring a map of Puerto Rico to class and show places mentioned in the story (San Juan, Río Piedras, Quebradillas). Also point out the neighboring islands.

If you find that the class as a whole does not know much about the history of Puerto Rico, ask for some volunteers to research the topic and make a brief class presentation in outline form.

B. LA HISTORIA: TRES FACCIONES

Before starting this activity, discuss Marie and Vicente as characters, helping students organize what they know about them. You may want to do this on the board by listing short phrases under the name of each character as students make suggestions. Then discuss the three political factions.

Marie	Vicente
Le gusta lo francés	Le gusta San Juan pero pre-
prefiere la capital	fiere Quebradillas
tiene coche	viaja a la capital cada vez que
ha vivido en Nueva York	puede
detesta la vida en Quebra-	es bueno para los números
dillas...	prefiere la comida casera...

We suggest you assign question 4 as homework. Have students write a short dialogue or monologue featuring Marie as the narrator: her thoughts, her opinion of Vicente, and so on.

C. LA CIUDAD Y EL CAMPO

Discuss the advantages and disadvantages of city and country life as a whole-class activity. You may want to list ideas on the board or on an overhead transparency as students mention them.

A stimulating minidebate could follow the discussion of this topic. In preparation for the debate, students should think about where they live now, the location of their university, where their families reside, other places they have lived, and so on. Debate topic: **¿Es mejor vivir en la ciudad o en el campo?**

D. LA PLURALIDAD DE CULTURAS

Share the following information with students before or during class discussion resulting from this activity: Puerto Ricans are U.S. citizens and many have relocated and now make their homes on the mainland. The largest community is in New York. "Newyorican" is one term used to describe this cross-cultural community.

We suggest you do a whole-class discussion of all five questions. You may want to organize your discussion by writing a brief description of Marie on the board. Then use the character as a springboard for a discussion of cultural diversity in modern societies.

If students cannot name any multicultural people they personally know, suggest a few celebrities (actors, writers, singers, sports figures) in order to start the discussion. You may want to write down some examples: Stevie Wonder, Fernando Valenzuela,

Céline Dion, Oscar de la Hoya, Jennifer López, Sandra Cisneros, Ricky Martin, and so on.

E. EL REGRESO A CASA

Before discussing these questions, you may want to have students answer them in writing. Have them divide a sheet of paper into four squares, one for each question. The squares should be numbered horizontally from left to right.

Ask students to write their answer to each question in the box with the corresponding number. Here is an example of possible student answers for square 4.

4 *Gone with the Wind*	«Regresar a casa» para Scarlett es buscar la seguridad, escaparse de su situación con Rhett, olvidar la guerra.
E.T.	Para E.T., regresar a casa es volver a su lugar de origen, a lo conocido, a su gente.
Wizard of Oz	Para Dorothy, volver a Kansas es regresar al mundo real, al mundo de amor de sus tíos.

Have students compare charts, focusing primarily on the information in squares 3 and 4. As a whole-class follow-up, see how many different ways **regresar a casa** can be expressed figuratively. As an individual follow-up, ask students to answer the following question (perhaps on the back of their charts): **¿Qué significa «regresar a casa» para usted?**

F. LA CONFUSIÓN DE VICENTE

A whole-class debate is recommended following the discussion generated by this activity. Have students present their ideas, focusing on their original hypotheses. Debate questions:

1. ¿Cuál de las explicaciones de la experiencia misteriosa de Vicente es la más lógica? ¿la más interesante?

2. ¿Existen otras posibilidades?
3. ¿Hay experiencias que no deberíamos tratar de explicar con un lenguaje lógico o científico?

G. EL CAFETÍN: LA COCINA PUERTORRIQUEÑA

Write **La cocina puertorriqueña** on the board. Ask the class the first question and list the foods on the board. Ask students if they know what these foods are like. Explain that **arroz con gandules** is rice with pigeon peas, **tostones** are cut, fried plantains, and **arepas** are cornmeal griddle cakes. Ask question 2 and put an **M** next to the foods ordered by Marie and a **V** next to those ordered by Vicente.

Question 3: Have students write their initial on their own paper next to any of the foods they have tried and discuss their experiences, if any. They should then initial foods they would like to try. Question 4: Have students speculate as to what other types of foods they might expect to find on the menu of a café on a tropical island. They may come up with ice cream and tropical fruits such as mangos and papayas. Add to the list on the board the following dishes typical of Puerto Rico: **empanadillas** (crescent-shaped turnovers filled with seafood or beef); **asopao de pollo** (hearty chicken gumbo); **pastelón de carne** (meat pie); **chicharrones** (fried pork rinds). Tell students that Puerto Rico produces some of the finest-quality coffee beans (**Alto Grande**) in the world. This Caribbean island is also the world's leading rum producer.

Question 5: Compare and contrast Vicente's experiences in the **cafetín,** first with Marie and later on his own. Have students speculate as to why the restaurant seemed like an entirely different place the second time Vicente went. (Perhaps economic conditions changed over time.)

As a follow-up homework activity, have students design a new menu for the café, combining typical Caribbean dishes with other types of food.

H. CONVERSACIONES IMAGINARIAS

Have pairs of students present their situation to the class. Please note that this activity is more interesting if the situations are discussed and/or enacted by a relatively equal number of pairs of students. At the least, try to ensure that each situation is discussed by one pair.

I. VICENTE, EL DETECTIVE

Have students answer the questions as homework. Then have them discuss their ideas in groups of four. Suggestion: Ask each group to develop a two- or three-step plan for Vicente to follow while investigating the mystery. One person from each group could then list their steps on the board. Then the class can vote on which steps are the most important for Vicente to follow in order to solve the mystery.

J. LOS ESTEREOTIPOS

Have students form discussion groups and choose one of the sets of questions (1, 2, or 3). Be sure that at least one group in the class works on each set. Students may find it helpful to prepare charts, for example, contrasting Marie with Vicente's mother or young people in the city versus those in the country. Have them answer the questions in each section with a few sentences or a paragraph that the group as a whole composes.

If you wish to conduct a whole-class discussion of one or two of the topics, it is a good idea to make the responses and/or charts prepared by each group available to all students. You can do this by photocopying or by having students work on butcher paper/poster board, and then hanging these charts around the classroom as students circulate to read the comments of other groups. Or, if your students all have access to e-mail, you may choose to do this via **correo electrónico.**

K. LA RESEÑA

After students have completed their reviews, discuss the six questions with the class. For the last question, take a survey by asking who liked the story, who did not, and who was ambivalent about it. Then form groups that are as equally balanced as possible between students with different opinions. Students should discuss their views, creating lists of positive or negative reactions. Follow up by having each group write its ideas and reactions on the board. What is the overwhelming opinion of the class?

L. REFLEXIONES PERSONALES

You may wish to assign these questions as a composition for homework. Have pairs of students who have written on the same character exchange compositions and compare ideas. Variation: Students select one of the characters listed in question 1 and write a theatrical monologue from the perspective of that character. What are his or her likes, dislikes, complaints, worries? These minidramas can then be performed for the class.

El último sol

A. EL VIAJE DE LOS AZTECAS

You may find that class conversation drifts a bit when you use these questions, which is fine. Allow discussion to go where the class wants to take it. Some of the questions (the advantages and disadvantages of moving, for example) lend themselves to being handled as lists on the board.

B. UN LUGAR IDEAL

You may wish to ask students interested in this topic to present their concepts in writing. This activity could also be done as an oral presentaion. Students could create a visual representation of their "ideal place" and the symbol of their utopia.

C. EL EXPANSIONISMO Y LAS GUERRAS FLORIDAS

It is useful to have a world map available for consultation when discussing these questions. Have students point out places currently or recently in the news where expansionism is a factor. You may wish to supply 20th-century examples if students cannot come up with them: Germany (Hitler, Nazism) and the Soviet Union, among others. It is also appropriate to discuss expansionism throughout history; if you do, you may want to include Spain, England, France, and the United States as examples.

D. ¡ESCRIBA UN POEMA!

Assign this activity as homework. As a follow-up, have students share their poems with the whole class or in groups. Do not insist that any student participate. As an alternative, you may want to collect all of the poems and "publish" them in photocopied form for the class or as an e-mail file. Then have students vote on the three best poems. Ask the winners if they would like to read their poems to the class. (If you choose this alternative, it is a good idea to have students hand in their first drafts so you can correct obvious errors and make suggestions. Then "publish" the second draft.)

E . EL CALENDARIO AZTECA Y LAS ERAS

Before starting this activity, work with students to make a list of the major events of the 20th century: the world wars, major revolutions (Russia, Mexico, Cuba), the Cuban Missile Crisis, political assassinations, space exploration and the first man on the moon, the atomic bomb, major inventions (television, computer technology), and so on.

Have students work in groups to answer question 2. You may want to have them design a model of 20th-century eras. It might be round (like the Aztec calendar), linear, triangular, and so on. Have groups share their models with the class prior to discussing question 3. Remember, there is no one "right" answer.

F. LOS SÍMBOLOS

Before having students discuss questions 1 and 2 in pairs, make a list of cultural symbols. You might include such items as diamond rings, flags, coats of arms, and so on. Have students explain why they would identify some symbols as personal, others as national, and some as both personal and national.

Use questions 3 through 5 as the basis for a discussion of the flag of your country. If your class is multicultural, ask students who have other origins to bring in a picture of the flag of their country of origin and explain its symbolism to the class.

G. LA VIDA ETERNA: ¿EN QUÉ FORMA?

As an optional creative-writing assignment, ask students to develop their own original legend, based on their answer to question 2. Alternative: Make the same assignment as a group project.

H. PLANES PRÁCTICOS Y LA PASIÓN DE LA VIDA

Have students work in pairs or groups to answer the questions. Then, as a whole-class activity, survey students to find the answers to questions 3 and 4. Is there any overlap? That is, what is a passion for one student may be a career for another, and vice versa.

I. LA HISTORIA OFICIAL Y LA HISTORIA PERSONAL

Have students in groups discuss questions 1 and 2 and make a list of their findings. You may want to divide the class into three groups and have each group be responsible for a different task: Group 1 would list the events in *El último sol* that are considered official history; group 2 would describe the personal histories of Daniel and Chalchi; and group 3 would comment on the myths represented in the book. Then the class as a whole would discuss the connection among these three aspects that encompass the definition of history given by Chalchi.

You may wish to use question 3 as the basis for a whole-class discussion.

J. LA HISTORIA: ¡IMAGINE Y OPINE!

Use the list of official historical events of the 20th century outlined by students in Activity E. Then do a group activity: Have students discuss the major moments in their own personal histories in conjunction with official historical events.

Students could also focus on popular myths that may have affected personal or official histories. You may want to provide examples of different types of myths such as the Tooth Fairy, the Bogeyman, Santa Claus, and so on. For a multicultural group, ask about different myths for their specific cultures. As an additional step, you might discuss certain movies that portray the interconnection between personal histories and official histories such as *Mi familia, Gone with the Wind, El norte, Saving Private Ryan,* and *La historia oficial.*

Question 3 lends itself to the creation of a class definition for the concept of "history." This question may also lead to a debate on the topic.

K. LA SUPERSTICIÓN: EL NÚMERO 13

Here are some social manifestations of the aversion to the number 13: Buildings do not usually have a 13th floor; airplanes often do not have a row 13; beliefs about Friday the 13th and **martes trece**; and so forth.

L. LA DESOBEDIENCIA: ¿QUÉ HARÍA USTED?

A whole-class debate is recommended following the discussion generated by this activity. Debate topic: **Las ventajas y desventajas de una cultura que exige la obediencia ciega y las de otra que permite que a veces se rompan las reglas.**

M. EL VIAJE POR EL TIEMPO

Before assigning question 1, discuss the ending of the story with your class: Daniel discovers he is wearing the obsidian necklace that Chalchi gave him in his "dream." He knows this is the object from the past because it is made of real obsidian and the heart features the drawing of an eagle. Does this mean that he traveled back in time somehow? If you and your students manage to suspend your disbelief, then this is the right answer.

But you may want to discuss other more realistic possibilities: Perhaps the necklace Daniel bought for Chalchi at the museum featured the drawing of an eagle all along and he never noticed. Or Chalchi drew the eagle on the heart while Daniel slept and, amazingly, this drawing matched the one Daniel dreamed about. Or, coincidentally, Chalchi had bought a necklace for Daniel and gave it to him when he was about to fall asleep. Then he incorporated the object into his "dream" of time travel.

Whatever responses you and your students come up with, this activity could lend itself to a lively discussion about the limits of experience and the definitions of reality, and about the magical side of life that we hardly ever acknowledge, much less allow ourselves to experience.

Have students do questions 2 through 4 in groups. Then follow up with a whole-class discussion. For question 3, here are some examples of movies, TV shows, and books to get discussion going. Movies: *Back to the Future, Somewhere in Time, Star Trek: First Contact;* Television: Several episodes of the science

fiction shows *Babylon 5*, *Farscape*, and all the *Star Trek* series;
Books: the classics *The Time Machine* by H. G. Wells and *The
Winds of Time* by Chad Oliver. You will also find abundant recent
fiction on this theme.

N. EL SACRIFICIO

Compare the Aztec system of sacrifice with modern-day sacrifices. Do not be limited to examples of concrete sacrifice (such
as the death of individuals and the destruction of property). Be
sure to include more abstract examples such as the sacrifice of
human rights, of dignity, and so on. Are the concrete and the abstract really that different? What do these sacrifices imply about
human nature?

You may wish to assign questions as a composition for
homework. As a follow-up, have pairs of students who have written on the same topic exchange compositions and write a com-
parison of the reactions expressed in their own composition with
those of their partner.

O. ¡ESCRIBA UNA RESEÑA!

After students have completed their reviews, discuss the six questions as a whole-class activity. For the last question, which asks
for students' opinions about the story, take a survey by asking
who liked it, who did not, and who was ambivalent about it.
Then create groups that are as equally balanced as possible between students with different opinions. Have students discuss
their views, creating lists of positive or negative reactions.

Follow up by having each group write its positive and negative points on the board. See how much overlap there is between
groups. What is the overwhelming opinion of the class?

P. LOS DOS CUENTOS

This activity could turn into a lively discussion and summary of
the stories, as you compare and contrast the two. Assign it as
homework, then conduct a whole-class discussion of the questions. Use the board to list different elements the stories have
in common. Or have students work in groups to come up with

several **temas** and **elementos,** then present those to the class. Students are likely to offer interesting ideas.

Q. REFLEXIONES PERSONALES: EL MENSAJE

You may want to offer the following **mensajes** for discussion:

1. El tiempo no es lineal. Hay dimensiones y experiencias del tiempo que no podemos explicar con datos científicos.
2. Las experiencias que tenemos en los sueños son tan válidas y reveladoras como las experiencias que tenemos cuando estamos despiertos.
3. Es importante tener relaciones especiales (amigos, novio/a, esposo/a, parientes) en la vida.
4. El amor triunfa sobre todos los obstáculos.
5. Vale la pena conocer bien la historia (el pasado) del país de uno. El conocimiento de la historia hace más interesante y rica la vida en el presente.

Vocabulario

T he Spanish-English vocabulary contains all the words
that appear in the text, with the following exceptions:
1) most close or identical cognates; 2) most conjugated
verb forms; 3) diminutives in **-ito/a;** 4) absolute superlatives
in **-ísimo/a;** 5) most adverbs in **-mente;** 6) personal pronouns;
7) cardinal numbers. Only the meanings that are used in the text
are given.

The gender of nouns is indicated, except for masculine
nouns ending in **-o** and feminine nouns ending in **-a.** Stem
changes and spelling changes are indicated for verbs: **dormir
(ue, u); llegar (gu).** Consult a grammar textbook for the proper
conjugation of verbs.

The following abbreviations are used.

Amer.	American	*n.*	noun
adj.	adjective	*obj. of prep.*	object of
adv.	adverb		preposition
Carib.	Caribbean	*p.p.*	past participle
coll.	colloquial	*P.R.*	Puerto Rico
conj.	conjunction	*pl.*	plural
f.	feminine	*poss.*	possessive
form.	formal	*prep.*	preposition
inf.	infinite	*pron.*	pronoun
interj.	interjection	*rel.*	relative
irreg.	irregular	*sing.*	singular
m.	masculine	*Sp.*	Spain
Mex.	Mexican	*v.*	verb

abajo below, underneath

abierto/a (*p.p. of* **abrir**) open; opened

abono fertilizer

abrazar (**c**) to hug; **abrazarse** to hug each other

abrazo hug

abreviar to reduce, shorten

abrir (*p.p.* **abierto/a**) to open

abundar to abound

aburrido/a boring

aburrir to bore

acabar(se) to finish, end; **acabar con** to put an end to, kill; **acabar de** + *inf.* to have just (*done something*)

acalorado/a heated

acampar to camp; (*coll.*) to halt and rest

acariciar to caress

acercarse (**qu**) (**a**) to approach, come near (to)

aclaración *f.* clarification, explanation

aclarar to clarify, explain

acolchonado/a padded

acomodarse to find or settle into a comfortable position

acompañar to accompany

acontecimiento event, occurrence

acordarse (**ue**) (**de**) to remember

acostarse (**ue**) (**de**) to lie down

acostumbrado/a customary; **más de lo acostumbrado** more than usual

acostumbrarse a to become accustomed to

actualizar (**c**) to bring up-to-date

acuerdo agreement, accord; **estar** (*irreg.*) **de acuerdo** to be in agreement; **ponerse** (*irreg.*) **de acuerdo** to agree

adelante ahead

además moreover, besides

adentro inside

adivinar to guess, predict

adonde where

adquirir (**ie**) to acquire

advertir (**ie, i**) to warn

aereo/a air, aerial

afuera *adv.* outside

afueras *n. f.* outskirts, suburbs

agarrar to grab

agitado/a excited; disturbed

agradecer (**zc**) to be thankful for

agregar to add

agronomía agriculture, farming

agua *f.* (*but* **el agua**) water

águila *f.* (*but* **el águila**) eagle

ahí there

ahora now

ahorrar to save

aire *m.* air; **al aire libre** outdoors

ajustarse (**a**) to fit (on)

alarmarse to become alarmed

alcance *m.:* **a mi alcance** within my reach

alegrarse (**de**) to be glad (about)

alegría happiness

alejarse to go far away

algo something; **¿te pasa algo?** is something the matter with you?

alguien someone, anyone

algún, alguno/a some, any

aliviarse to get relief

alivio relief

allá there; **para allá** over there

allí there; **por allí** around there

alma *f.* (*but* **el alma**) soul

almacenado/a stored

almorzar (**ue**) (**c**) to have lunch

almuerzo lunch

alojamiento housing, lodging

alquilar to rent

alrededor de around

alrededores *m.* outskirts, environs; **a mi alrededor** around me

alto/a tall; high; **¡alto!** *interj.* halt!; **altos y bajos** ups and downs; **en voz alta** aloud

alucinación *f.* hallucination
alzar (**c**) to rise
amable kind
amado/a beloved
amante *m., f.* lover
amargo/a bitter
amarillo/a yellow
amasar to knead; to mix
ambiente *m.* atmosphere
ambos/as both
amenazar (**c**) to threaten
amigo/a friend
amistoso/a friendly
amor *m.* love
ampliar to extend, enlarge
amplio/a wide
¡anda! *interj.* come on!
andar (*irreg.*) to walk
anillo de compromiso
　engagement ring
ánimo spirit, energy; **estar** (*irreg.*)
　de ánimo para + *inf.* to be in
　the mood to (*do something*)
anoche last night
ansiedad *f.* anxiety
ansioso/a anxious
ante before, in front of
antepasado/a ancestor
anterior previous
antes de before; **antes (de) que**
　conj. before
antiguo/a former; ancient
antología anthology
antorcha torch
antropología anthropology
anunciar to announce
año year; **hace (dos) años** (two)
　years ago; **tener** (*irreg.*)**... años**
　to be . . . years old
aparecer (**zc**) to appear
apariencia appearance
apasionar to excite; to fill with
　enthusiasm
apenas barely
apestar (**a**) to stink, to smell (of)

apoyar to support
apreciar to appreciate
aprender to learn; **aprenderse de**
　memoria to memorize
aprensión *f.* apprehension
aprovechar to take advantage of
apuntar to point, aim; to write down
apuñalar to stab
aquel, aquella that (*over there*)
aquellos/as those (*over there*)
aquí here; **aquí mismo** right here;
　¡fuera de aquí! *interj.* get out of
　here! **por aquí** around here
árbol *m.* tree
arco bow
ardiente burning
ardilla squirrel
arepa (*P.R.*) cornmeal griddle cake
arma *f.* (*but* **el arma**) firearm,
　weapon
armadura frame, framework
armario chest of drawers
armonía harmony
arrastrar to drag
arriba up
arroz *m.* rice
arruga wrinkle
artesano/a craftsperson
asesinar to murder
asesino/a murderer
asfixiar to smother
así *adv.* so, thus; like this; **así que**
　conj. so (that)
asiento seat
asistir (**a**) to attend
aspecto appearance
asumir to assume
asunto topic
asustado/a frightened
atacar (**qu**) to attack
ataque *m.* attack
atar to tie, tie up
atender (**ie**) to wait on, serve
atolli (*Mex.*) *m.* creamy, corn-
　based drink

atractivo *n.* attraction; **atractivo/a** *adj.* attractive

atraer (*like* **traer**) to attract

atrapar to catch

atrás *adv.* behind

atreverse a + *inf.* to dare to (*do something*)

aun *adv.* even

aún *adv.* still, yet

aunque although

autodidacta self-taught (*person*)

autónomo/a autonomous

autor(a) author

avanzar (**c**) to advance

avenida avenue

averiguar (**gü**) to verify, investigate

ayer yesterday

ayuda help

azotea flat roof, attic

azteca *m., f.* Aztec

azul blue

azulejo tile

bajarse to go down, descend

bajo *prep.* under

bajo/a *adj.* low; short (in height); **altos y bajos** ups and downs

banco bank

bandera flag

bañarse to bathe; to swim

bañera bathtub

baño bath, bathroom

barato/a cheap

barba beard

barbudo/a heavily bearded

barco boat

barro mud; clay

basarse to be based

bastante quite a bit

batalla battle

bebida drink, beverage

bello/a beautiful

bendito: ¡ay, bendito! (*P.R.*) *interj.* dear Lord! (*expressing pain, surprise, or pity*)

besar to kiss

beso kiss

bienvenida *n.* welcome; **dar** (*irreg.*) **la bienvenida** to welcome

bienvenido/a *adj.* welcome

billete *m.* bill (*currency*); ticket

blanco/a white

boca mouth

boda wedding

bonito/a pretty

bordado/a embroidered

borrar to erase

botones *m. sing., pl.* bellhop

bravo/a fierce; brave

brazo arm

breve brief, short

brillar to shine

broma joke

brotar to spring, gush (*water*)

buen, bueno/a *adj.* good; **buenas noches** good evening, good night

buscar (**qu**) to look for

búsqueda search

caballero gentleman

caballo horse

cabello hair

cabeza head

cabo: al cabo de at the end of

cabrito kid (*young goat*)

cacao cocoa

cada each, every

caer (*irreg.*) to fall

café *m.* coffee; café

cafetín *m.* small coffee shop

cajero/a cashier

caliente hot

caliza: piedra caliza limestone

callar to be quiet

calle *f.* street

calor *m.* heat; **hace calor** it's hot (*weather*)

cama bed

cambiar to change

caminar to walk

caminata long walk; **dar** (*irreg.*) **una caminata** to go for a long walk
camino road, path
camión *m.* truck
camionero truck driver
camisa shirt
campamento camp, campsite
campesino/a *n.* peasant; *adj.* country
campo field
canoa canoe
cansado/a tired
cansancio tiredness, weariness
caña reed; *year on the Aztec calendar*
cañón *m.* cannon
cara face
carga cargo, freight
cargar (**gu**) to carry; **cargar de** to load with
Caribe *m.* Caribbean
caricia caress
carnal carnal, of the flesh
carne *f.* meat
carpa tent
carrera career; course work for a degree
carretera highway
carro car
cartera wallet
casa house
casarse (**con**) to get married (to)
casco helmet
casero/a *adj.* domestic, homemade; **comida casera** home cooking
casi almost
caso: hacer (*irreg.*) **caso** to pay attention
castaño/a chestnut-colored
casualidad *f.* coincidence
caza: de caza hunting
cazuela casserole, stewpot
celda cell
cena dinner, supper
centro center; downtown
cerca *adv.* near, nearby; **cerca de** *prep.* near

cerrar (**ie**) to close
cerveza beer
chamaquito/a (*Carib. & Mex.*) little kid (*child*)
chévere (*Cuba, P.R., coll.*) great, terrific
chimenea chimney
choque *m.* shock
chuparse: para chuparse los dedos *coll.* finger-licking good
cicatriz *f.* (*pl.* **cicatrices**) scar
ciego/a blind
cielo sky; heaven
cierto/a certain, true
cima summit
cincho belt
cintura waist
ciudad *f.* city
claridad *f.* clarity
claro (**que sí**) *interj.* of course
clima *m.* climate
cobija (*Latin Amer.*) blanket
coche *m.* car
cocina kitchen
cocinar to cook
cocinero/a cook, chef
códice *m.* manuscript
cola tail
colgar (**ue**) (**gu**) to hang
colina hill
collar *m.* necklace
colocar (**qu**) to place, put
colonizador/a colonizer
comandante *m.* commanding officer
combatir to fight
comenzar (**ie**) (**c**) to begin
comer to eat; **comerse** to eat up
comerciante *m., f.* businessperson
cometer to commit
comida food; meal; **comida casera** home cooking
comienzo beginning
comisión *f.* committee
comodidad *f.* comfort
cómodo/a comfortable

compañero/a companion
compartir to share
complacer (**zc**) to please
cómplice *m., f.* accomplice
comportarse to behave
comprar to buy
comprender to understand
compresa compress, cold pack
comprometerse (**con**) to become
    engaged (to)
compromiso: anillo de
    compromiso engagement ring
comunicarse (**qu**) to communicate
    (with one another)
con with
conceder to grant
concentrarse to concentrate on,
    focus on
concluir (**y**) to conclude
condecorado/a decorated
condenar to condemn
conducir (*irreg.*) to drive
conductor(**a**) driver
confesar (**ie**) to confess
confianza confidence, trust
confiar (**confío**) (**en**) to trust
conformarse to resign oneself
confortante comforting
confundido/a confused
congelar to freeze
conmigo with me
conocer (**zc**) to know; to meet
conocimiento knowledge,
    understanding
conquistador *m.* conqueror
conquistar to conquer
conseguir (**i, i**) (**g**) to obtain, get
consejero/a adviser
consejo advice
construir (**y**) to build
contaminado/a polluted
contar (**ue**) to tell (*a story*)
contentar to please
contento/a happy
contestar to answer

contigo with you
contra against; **en contra de**
    against
contrariado/a *adj.* upset, annoyed
convertirse (**ie, i**) **en** to become,
    turn into
convincente convincing
corazón *m.* heart
correr to run
corroborar to corroborate
corromper to corrupt
corte *m.* cut; *f.* court (*royal*)
corto/a short (*in length*)
cosa thing
cosecha harvest
costa coast
cotidiano/a daily
creador(**a**) creator
crecer (**zc**) to grow
creencias beliefs
creer (**y**) to believe, think; **no creo**
    I don't think (so)
crianza raising, breeding
criar to raise
criticar (**qu**) to criticize
cuadro painting
cual *rel. pron.* which; who
cualquier any
cuando: de vez en cuando once
    in a while
cuánto/a how much; *pl.* how many
cuarto room
cuarto/a fourth
cuate/a (*Mex.*) buddy, pal
cubierto/a (*p.p. of* **cubrir**) covered
cubrir (*p.p.* **cubierto/a**) to cover
cuchillo knife
cuello neck
cuenta: darse (*irreg.*) **cuenta** (**de**)
    to realize
cuento short story
cuerda rope
cuerpo body
cueva cave
culpar to blame

cultivo cultivation

cultura culture; **pluralidad** (*f.*) **de culturas** cultural pluralism

cuñado/a brother-in-law/sister-in-law

cursar estudios to take classes

curso course

dar (*irreg.*) to give; **dar fin a** to destroy, finish off; **dar la bienvenida** to welcome; **dar las gracias** to thank; **dar miedo** to scare; **dar una caminata** to go for a long walk; **dar unos pasos** to take some steps; **darse cuenta** (**de**) to realize

dato fact

debajo de underneath

deber *m.* duty

deber to owe; **deber + *inf.*** should, ought to, must (*do something*)

decimosegundo/a twelfth

decir (*irreg.*) (*p.p.* **dicho/a**) to say, tell; **querer** (*irreg.*) **decir** to mean

decisión *f.* decision; **tomar una decisión** to make a decision

dedicarse (**qu**) to dedicate oneself (to)

dedos: para chuparse los dedos (*coll.* finger-licking good)

defenderse (**ie**) to defend oneself

dejar to leave; to let, allow; **dejar de + *inf.*** to stop (*doing something*)

delante *adv.* in front; **delante de** *prep.* in front of

delgado/a thin

demás: los/las demás the others

demasiado *adv.* too (much)

demasiado/a *adj.* too much; *pl.* too many

demostrar (**ue**) to demonstrate

dentro: (por) dentro inside

derecho/a *adj.* right

desacuerdo disagreement, discord

desaparecer (**zc**) to disappear

descansar to rest

descanso rest

descender (**ie**) to descend

descifrar to decipher

desconocido/a stranger

describir (*p.p.* **descrito/a**) to describe

descubrimiento discovery

descubrir (*p.p.* **descubierto/a**) to discover

desde *prep.* from, since; **desde que** *conj.* since

desear to desire, wish

desenfocado/a out of focus

deseo desire, wish

desesperado/a desperate

deshabitado/a uninhabited

desilusionado/a disappointed

desmayarse to faint

desmayo fainting spell

desnudar to undress, strip

desnudo/a nude

desobedecer (**zc**) to disobey

desolado/a desolate

despedirse (**i, i**) (**de**) to say good-bye (to)

despertar(se) to wake up

despierto/a awake

después *adv.* afterward; **después de** after

destruir (**y**) to destroy

desventaja disadvantage

desvestirse (**i, i**) to undress

detalle *m.* detail

detenerse (*like* **tener**) to stop

detenidamente at great length

detrás de behind

devolver (**ue**) (*p.p.* **devuelto/a**) to return (*something*)

devorar to devour

día *m.* day; **hace... días** . . . days ago; **hoy (en) día** nowadays

diablo devil; **para qué diablos** why the devil

diario/a daily

dibujo drawing
dictadura dictatorship
difícil difficult
digno worthy
dinero money
dios(a) god/goddess; **por Dios** for
  heaven's sake
dirigirse (**j**) to head toward
diseñar to design, draw
diseño design
disfrutar de to enjoy
dispuesto/a (*p.p. of* **disponer**)
  ready, willing
distinguir (**g**) to distinguish
distinto/a different
distraerse (*like* **traer**) to be
  distracted
divertirse (**ie, i**) to have a good
  time
doler (**ue**) to hurt
dolor *m.* ache, pain
domingo Sunday
dominio dominion
don *title of respect used with a*
  man's first name
dorado/a golden
dormido/a asleep
dormir (**ue, u**) to sleep; **dormirse**
  to fall asleep
duda doubt; **sin duda** undoubtedly
dueño/a owner
dulce sweet
durante during
durar to last
duro/a hard

e and (*used instead of* **y** *before*
  words beginning with **i** *or* **hi**)
edad *f.* age
edificio building
ejemplo: por ejemplo for example
ejército army
embargo: sin embargo however,
  nevertheless
emborracharse to get drunk

emperador *m.* emperor
empezar (**ie**) (**c**) to begin;
  empezar a + *inf.* to begin to (*do*
  something)
empleo job
emprender to begin, to set about
enamorarse (**de**) to fall in love
  (with)
encabezar (**c**) to head, lead
encantar to enchant, charm
encargarse (**gu**) **de** to take charge,
  take on the responsibility
  (*of/for something*)
encarnar to embody
encender (**ie**) to light; to turn on
  (*radio*)
encerrar (**ie**) to enclose
encima de on top of
encomendar (**ie**) to entrust
encontrar (**ue**) to find
encuentro meeting
enemigo/a enemy
energía energy
enfermo/a sick
enfurecerse (**zc**) to become furious
enorme enormous
ensalada salad
enseñar to teach; to show
entender (**ie**) to understand
entonces then, next
entrada entrance
entrar (**en**) to enter, go in
entre between, among
entregar (**gu**) to turn over, hand
  over
entusiasmado/a enthusiastic
enviar (**envío**) send
envolver (**ue**) (*p.p.* **envuelto**) to
  wrap, wrap up
época epoch, age
equivocado/a mistaken
era era, age
escalofrío shiver
escapar to escape
escapatoria escape, flight

escaso/a scarce
esclavo/a slave
escoger (j) to choose
escribir (*p.p.* escrito/a) to write
escritor(a) writer
escritura writing
escuchar to listen (to)
escultura sculpture
ese/a *adj.* that
ése/a *pron.* that one
esfuerzo effort
eso *pron.* that, that thing; por eso that's why
esos/as *adj.* those
espacio space
español *n. m.* Spanish (*language*)
español(a) *n.* Spaniard; *adj.* Spanish
especialidad *f.* specialty
espejo retrovisor rearview mirror
espera waiting
esperar to wait (for); to hope; to expect
espíritu *m.* spirit
espontáneo/a spontaneous
esposo/a spouse; husband/wife
establo stable
estación *f.* station; estación de tren train station
estado state
estadounidense originating from or relating to the United States
estampa illustration, engraving
estar (*irreg.*) to be; estar a punto de + *inf.* to be about to (*do something*); estar de acuerdo to be in agreement; estar de ánimo para + *inf.* to be in the mood to (*do something*)
estatua statue
estatura height; de mediana estatura of medium height
este/a *adj.* this
éste/a *pron.* this (one)
estimular to stimulate

esto *pron.* this, this thing
estómago stomach
estos/as *adj.* these
éstos/as *pron.* these (ones)
estrella star
estudiante *m., f.* student
estudiar to study
estudio study; cursar estudios to take classes
estupendo/a stupendous
estúpido/a stupid
eterno/a eternal
evitar to avoid
exagerar to exaggerate
exasperado/a exasperated
exclamar to exclaim
excluir (y) to exclude
exhausto/a exhausted
exigir (j) to demand, require
éxito success
éxodo exodus
experimentar to experience
explanada esplanade (*level, open space of ground*)
explicación *f.* explanation
explicar (qu) to explain
explorador(a) explorer
explotar to exploit
extinto/a extinct
extrañar to miss, long for
extraño/a *n.* foreigner, alien; *adj.* strange

facción *f.* gang, band; faction
fachada façade
fácil easy
faenas chores
falda skirt
falo phallus, penis
faltar to be lacking
fascinado/a fascinated
favor: por favor please
fecha date
felicidad *f.* happiness
feliz (*pl.* felices) happy

fertilidad *f.* fertility

fiesta party

figurilla small figure

fijar to fix, set (*date*)

fijo/a fixed, unmoving

Filosofía y Letras Humanities

filósofo philosopher

filtrado/a filtered

fin *m.* end; **dar** (*irreg.*) **fin a** to destroy, finish off; **en fin** in short, in brief; **por fin** finally

fingir (**j**) to pretend, feign

flamboyán *m.* (*P.R.*) type of red-blossomed tree that grows in the Caribbean

flecha arrow

flor *f.* flower

floreado/a floral

florido/a florid, flowery; **guerra florida** Aztec war (*hunt for sacrificial victims*)

flotar to float

fogón *m.* (**de leña**) (wood) cooking stove

foto *f.* photo

francés *n. m.* French (*language*)

francés, francesa French

frecuencia: con frecuencia frequently

frente *f.* forehead; *m.* front; **al frente** in front

frente a in front of, facing

fresco type of painting

fresco/a fresh; cool

frío/a cold; **tener** (*irreg.*) **frío** to be cold

frito/a (*p.p. of* **freír**) fried

frontera border

frustrado/a frustrated

fuego fire

fuera outside, out; **¡fuera de aquí!** *interj.* get out of here!

fuerte strong

fuerza force

fundar to found, establish

ganar to win

ganas: tener (*irreg.*) **ganas de** + *inf.* to feel like (*doing something*)

gandules *m.* olive-green legumes, rich in iron, that are cooked in stews; pigeon peas

garganta throat

gastado/a worn-out, shabby

gasto expense

general: por lo general in general

generoso/a generous

gente *f. sing.* people

gesto gesture

gigantesco/a gigantic

gobernante governing

golpe *m.* strike, blow

golpear to hit, strike

gordo/a fat

grabado/a engraved; recorded

gracias thank you; **dar** (*irreg.*) **las gracias** to thank; **gracias a** thanks to

gracioso/a charming

gran, grande great; big; **la Gran Manzana** the Big Apple (*New York City*)

granja farm

grasa fat; grease

grave serious

gritar to shout, yell

grito shout; scream

grueso/a thick; stout

guante *m.* glove

guantera glove compartment

guarache *m.* (*Mex.*) leather sandal, huarache

guardar to keep; to hold

guardia *m.* guard, guardsman

guerra war; **guerra florida** Aztec war (*hunt for sacrificial victims*)

guerrero/a soldier

guía *m., f.* guide; *f.* guidance

guiar (**guío**) to guide

gustar to like; to be pleasing to

gusto: a gusto at ease; **con gusto** gladly; **de mal gusto** in bad taste

haber (*irreg.*) to have (*auxiliary*); **había** there was/were; **hay** there is/are
habitación *f.* bedroom
habitante *m., f.* inhabitant
habitar to inhabit
hablar to speak, talk
hacer (*irreg.*) (*p.p.* **hecho/a**) to do; to make; **hace calor** it's hot (*weather*); **hace... días** . . . days ago; **hacer** + *period of time* + **que** + *present tense* to have been (*doing something*) for (*period of time*); **hacer caso** to pay attention; **hacer la maleta** to pack (a suitcase); **hacer un viaje** to take a trip; **hacer una pausa** to pause; **hacerse** to become; **se hace tarde** it's getting late
hacia toward
halagado/a flattered
hambre *f.* (*but* **el hambre**) hunger; **tener** (*irreg.*) **hambre** to be hungry
hambriento/a hungry, starving
hasta *prep.* until; up to; **hasta que** *conj.* until
hazañas feats, exploits
hecho/a (*p.p. of* **hacer**) made; done
hermano/a brother/sister
hermoso/a beautiful
hierba grass
hijo/a son/daughter
hipótesis *f.* hypothesis
historia history; story
historiador(a) historian
hogar *m.* home
hoguera campfire
hombre *m.* man
hora hour; time
hoy today; **hoy (en) día** nowadays
humilde humble

humo smoke
hundirse to sink

idioma *m.* language
iglesia church
iluminar to illuminate, light
imagen *f.* image
imaginar(se) to imagine
impedir (**i, i**) to impede, hinder; to prevent
imperio empire
implicar (**qu**) to implicate, imply
imponente imposing
importar to be important; to matter
impregnar to impregnate
impresionante impressive
improvisado/a improvised
impuesto tax
incesante unceasing, continual
incluir (**y**) to include
incómodo/a uncomfortable
inconsciente unconscious
incorporarse to sit up
incrédulo/a incredulous
increíble incredible
indeciso/a indecisive
indefenso/a defenseless
indígena indigenous, native
indio/a Indian
infancia childhood
infierno hell
infinidad *f.* infinity
ingeniería engineering
ingeniero/a engineer
iniciado/a initiated
injusto/a unjust, unfair
inmediato: de inmediato immediately
inmigrante *m., f.* immigrant
inodoro toilet
inquieto/a restless, uneasy
insaciable insatiable
insignia badge, emblem
inspeccionar to inspect
inspirar to stimulate, inspire

intentar to try; to intend
interés *m.* interest
intérprete *m., f.* interpreter
interrumpir to interrupt
intervenir (*like* **venir**) to intervene
introducir (*like* **conducir**) to put
  (into), insert; **introducirse** (**en**)
  to get in, break in
inútil useless
ir (*irreg.*) to go; **ir a** + *inf.* to be
  going to (*do something*); **irse** to
  leave, go away
ira ire, anger
isla island
izquierdo/a *adj.* left

jalar to pull
jardín *m.* garden
jefe *m.* boss
joven *n. m., f.* young person; *adj.*
  young
juego game
junio June
junto/a together; **junto a** along
  with; next to
jurar to swear (*take an oath*)

lado side; **de un lado** on one side
ladrón, ladrona thief, robber
lago lake
lágrima tear
lámpara lamp
lanza lance, spear
largo/a long; **a lo largo de** along
lástima pity; **¡qué lástima!** *interj.*
  what a pity!
lección *f.* lesson
leche *f.* milk
lechuga lettuce
leer (**y**) to read
legumbre *f.* vegetable
lejano/a distant
lejos *adv.* far, far away; **a lo lejos**
  in the distance; **lejos de** *prep.*
  far from
lengua language

lento/a slow; **a paso lento** slowly
leña firewood; **fogón** (*m.*) (**de
  leña**) (wood) cooking stove
Letras: Filosofía y Letras
  Humanities
levantar to lift, raise up;
  levantarse to get up
leve light, slight
leyenda legend
libre: al aire libre outdoors
libro book
líder *m.* leader, chief
limón *m.* lemon
limpiar to clean
limpio/a clean
llamar to call; **llamarse** to be
  named
llegada arrival
llegar (**gu**) to arrive; **llegar a** + *inf.*
  to manage to (*do something*);
  llegar a ser to become
llenar to fill
lleno/a full
llevar to wear; to carry; to bring;
  llevar puesto/a to have on
  (*clothing*), be wearing
llorar to cry
lluvia rain
loco/a crazy
locura craziness
lograr to get, obtain
lucha fight
luego then; soon
lugar *m.* place
lujo luxury
luna moon
luz *f.* (*pl.* **luces**) light

madera wood
madre *f.* mother
maíz *m.* corn
mal *adv.* badly
mal, malo/a *adj.* bad; **de mal
  gusto** in bad taste
maleta suitcase; **hacer** (*irreg.*) **la
  maleta** to pack (a suitcase)

mandar to send
mandato command
mando command (*military*)
manejar to drive
manera manner, way
mano *f.* hand
manta blanket
manto mantle, cloak
manzana apple; **la Gran Manzana** the Big Apple (*New York City*)
mañana tomorrow; morning; **por la mañana** in the morning
maquahuime *f.* wooden club studded with obsidian knives
maquillado/a made up, with makeup applied
maquillaje *m.* makeup
máquina machine
maquinaria machinery
mar *m., f.* sea
maravilloso/a marvelous
marcado/a marked, pronounced
marcar (**qu**) to mark
marcharse to leave, go away
mareo dizziness
mariposa butterfly
mármol *m.* marble
martes *m. sing., pl.* Tuesday
más more; most; **más de lo acostumbrado** more than usual; **más o menos** more or less; **más que nada** more than anything; **más tarde** later
matar to kill
matrimonio matrimony, marriage
máximo maximum
mayor great; greater; older
mediano: de mediana estatura of medium height
medio *n.* middle; means; *adv.* half; **en medio de** in the middle of; **por medio de** by means of
mejor better
mejorar to improve
melodioso/a melodious, tuneful

memoria memory; **aprenderse de memoria** to memorize
menor younger; slightest, least
menos: más o menos more or less
mensaje message
mensajero/a messenger
mente *f.* mind
mentir (**ie, i**) to lie
mercado market
mes *m.* month
mesa table
mesero/a waiter/waitress
metro metro, subway
mexica *n., adj. m., f.* Aztec
mexicano/a Mexican
mi my
mí *obj. of prep.* me
miedo fear; **dar** (*irreg.*) **miedo** to scare; **tener** (*irreg.*) **miedo** (**de**) to be afraid (of)
miel *f.* honey
mientras while; **mientras tanto** meanwhile
mil thousand
milagro miracle
milla mile
mío/a my, (of) mine
mirada look
mirar to look (at); **con sólo mirar** just by looking
mismo/a same; **aquí mismo** right here; **sí mismo/a** oneself
misterio mystery
misterioso/a mysterious
mitad *f.* half
mítico/a mythical
mito myth
mitología mythology
mochila backpack
mole *m.* (*Mex.*) dish prepared with chocolate, chili sauce, and spices; **mole picosito** hot sauce made from chocolate, peanuts, and chili peppers
molestar to bother, annoy
monótono/a monotonous

monstruo monster
montaña mountain
morir (ue, u) (*p.p.* **muerto/a**) to die
mostrar (ue) to show
mover(se) (ue) to move
movimiento movement
muchacho/a boy/girl
mucho/a a lot; *pl.* many
muebles *m. pl.* furniture
muerte *f.* death; **pena de muerte**
    death penalty
muerto/a (*p.p. of* **morir**) *n.* dead
    person; *adj.* dead
mujer *f.* woman; wife
mundo world
muñeca doll
murmurar to murmur
musculoso/a muscular
museo museum

nacer (zc) to be born
nada nothing, (not) anything; **más
    que nada** more than anything
nadie nobody, (not) anybody
narrar to narrate
natal *adj.* native
navegante *m.* sailor
necesidad *f.* necessity
necesitar to need
negro/a black
nervioso/a nervous
ni nor; **ni siquiera** not even
nido nest
nieve *f.* snow
ningún, ninguno/a none, (not) any
niño/a boy/girl; child
noche *f.* night; **buenas noches**
    good evening/night; **esta noche**
    tonight; **por la noche** in the
    evening/night
nogal *m.* walnut tree
nombrar to name, mention by name
nombre *m.* name
nopal *m.* prickly pear cactus
nordeste *m.* northeast

norte *m.* north
norteamericano/a North American
notar to notice
noticia news item; *pl.* news
noviazgo courtship
noviembre *m.* November
novio/a boyfriend/girlfriend;
    fiancé(e); bride/groom
nube *f.* cloud
nuestro/a our
nuevo/a new
nuez *f.* (*pl.* **nueces**) walnut; nut
número number
nunca never; (not) ever

o or
obedecer (zc) to obey
objetivo objective
objeto object
obra work; work of art
obsesión *f.* obsession
obsidiana obsidian
obstáculo obstacle
obtener (*like* **tener**) to obtain, get
obviamente obviously
octli *m.* pulque (*beverage made of
    fermented sap of maguey plant*)
ocupado/a occupied; busy
ocupar to occupy
ocurrir to occur
oeste *m.* west
ofendido/a offended
oferta offer
ofrecer (zc) to offer
ofrecimiento offering
ofrenda offering
oído (*inner*) ear
oír (*irreg.*) to hear
ojo eye
olor *m.* odor
olvidar to forget; **olvidarse de** to
    forget
olvido forgetfulness
opaco/a opaque
opinar to think, have an opinion

orden *f.* order, command
ordenar to order
orgullo pride
orgulloso/a proud
oro gold
oscuridad *f.* darkness
oscuro/a dark
otro/a other, another; **el uno al otro** to each other; **otra vez** again
oxidado/a rusted

paciencia patience
padre *m.* father; **Padre** Father (*form of addressing a priest*); **padres** parents
pagar (**gu**) to pay (for)
página page
país *m.* country
paisaje *m.* countryside, scenery
palabra word
palacio palace
pálido/a pale
palmera palm tree
pan *m.* bread
pantalón, pantalones *m.* pants
pañuelo handkerchief
papá *m.* dad
papel *m.* paper
par *m.* pair; **un par de** a couple of
para *prep.* for; in order to; **para allá** over there; **para que** *conj.* so that; **para qué diablos** why the devil
parada stop
paralizado/a paralyzed
parar to stop; **parar a** + *inf.* to stop to (*do something*)
parecer (**zc**) to seem, appear; **parecerse** to resemble
pared *f.* wall
pariente *m., f.* relative, relation
párpado eyelid
parque *m.* park
parte *f.* part
partidario *m., f.* partisan

partir to leave
pasado *n.* past
pasaje *m.* passage
pasar to pass, pass by; to happen; to come in; to spend (time); **¿te pasa algo?** is something the matter with you?
pasillo hallway
pasión *f.* passion
paso step; **a paso lento** slowly **dar** (*irreg.*) **unos pasos** to take some steps
pata foot, leg (*of an animal*)
patada kick
patria homeland, native land
pausa: hacer (*irreg.*) **una pausa** to pause
paz *f.* (*pl.* **paces**) peace
pecho chest; breast
pedazo piece, bit
pedir (**i, i**) to ask for, request; **pedir prestado/a** to borrow
pegado/a stuck, glued
pelea fight
pelear to fight
película movie, film
pelo hair
peluca wig
pena sorrow, pain; **pena de muerte** death penalty; **valer** (*irreg.*) **la pena** to be worthwhile
penetrar to penetrate
pensamiento thought
pensar (**ie**) to think
pensativo/a pensive
pequeño/a small; little
percibir to perceive
perder (**ie**) to lose; **perderse** to get lost
perdonar to pardon, excuse
perfil *m.* profile, outline
periodismo journalism
permitir to permit, allow
personaje *m.* character (*in a story*)
pertenecer (**zc**) to belong

pesadilla nightmare
pesar to be heavy
pesar: a pesar de in spite of
pescar to fish
petate *m.* (*Mex.*) sleeping mat
petición *f.* petition; **a petición de** at the request of
pico beak
picosito/a spicy; **mole picosito** hot sauce made from chocolate, peanuts, and chili peppers
pie *m.* foot; **a pie** on foot; **quedarse de pie** to remain standing
piedra rock; **piedra caliza** limestone; **piedra preciosa** precious stone, gem
piel *f.* skin; fur; hide
pierna leg
pieza piece
pintura painting
pirámide *f.* pyramid
pirata *m.* pirate
placer *m.* pleasure
plano/a flat
plataforma platform
plátano banana
plato plate, dish
playa beach
pluma feather
pluralidad *f.* **de culturas** cultural pluralism
pobre poor; **pobre de ti** poor you, you poor thing
poco *adv.* little; **poco a poco** little by little
pocos/as few
poder *m.* power
poder (*irreg.*) to be able
poderoso/a powerful
poema *m.* poem
poesía poetry
poeta *m., f.* poet
policía police (force)
político/a political
pollo chicken

pomada ointment; salve
pon *m.* (*P.R.*) ride
poner (*irreg.*) to put, place; **ponerse** to put on (*clothing*); **ponerse a** + *inf.* to begin, set about (*doing something*); **ponerse de acuerdo** to agree
por for; by; through; because of; **por aquí/allí** around here/there; **por dentro** inside; **por Dios** for heaven's sake; **por ejemplo** for example; **por eso** that's why; **por favor** please; **por fin** finally; **por la mañana/tarde/noche** in the morning/afternoon/evening, night; **por lo general** in general; **por medio de** by means of; **¿por qué?** why?; **por suerte** luckily; **por supuesto** of course; **por último** finally
porción *f.* portion, serving
portarse to behave
posesión *f.* possession
posibilidad *f.* possibility
posponer (*like* **poner**) to postpone
práctico/a practical
prado meadow
preceder to precede
preciosa: piedra preciosa precious stone, gem
preferir (**ie, i**) to prefer
pregunta question
preguntar to ask (a question); **preguntarse** to wonder
premio prize, reward
preocupado/a worried
presenciar to be present at, to witness
prestado/a: pedir (**i, i**) **prestado/a** to borrow
primer, primero/a first
príncipe *m.* prince
principio: al principio in the beginning
prisa: de prisa hurriedly

prisionero/a prisoner
probar (ue) to try, taste; to prove
profecía prophesy
profundo/a profound, deep
prometer to promise
pronto soon; **de pronto** suddenly
pronunciar to pronounce
propio/a own
proponer (*like* **poner**) to propose;
  proponerse to plan, intend
propósito purpose; intention
protagonista *m., f.* protagonist,
  hero/heroine
proteger (j) to protect
provincia province
provinciano/a provincial
próximo/a next
prudente prudent
prueba proof, evidence
publicar (qu) to publish
pueblo town
puerta door
puesto/a (*p.p. of* **poner**): **llevar**
  puesto/a to have on (*clothing*),
  be wearing
punto: estar (*irreg.*) **a punto de +**
  inf. to be about to (*do*
  something)
puñal *m.* dagger
puro/a pure

qué: ¿por qué? why?; **¡qué**
  lástima! *interj.* what a pity!
quedar to remain, be left;
  quedarse to remain, stay; to be;
  quedarse de pie to remain
  standing
quehacer *m.* chore
quejarse to complain
querer (*irreg.*) to want; to love;
  querer decir to mean
querido/a dear
quien(es) *pron.* who, whom;
  ¿quién(es)? who?, whom?
quinientos five hundred

quinto/a fifth
quitar to take away; **quitarse** to
  take off (*clothing*)
quizás perhaps

raro/a strange
rascacielos *m. sing.* skyscraper
rato while, short time
razón *f.* reason; **tener** (*irreg.*)
  razón to be right
reaccionar to react
real real; royal
realidad *f.* reality
realizar (c) to carry out, fulfill
rebelde *m., f.* rebel
rebozo shawl
recibimiento reception
recibir to receive
recien recent
recitar to recite
recoger (j) to pick up
reconocer (zc) to recognize
recordar (ue) to remember
recorrer to travel; to go through
recuerdo memory
recuperar to recuperate; to regain
redondo/a round
reescribir (*p.p.* **reescrito/a**) to
  rewrite
reflejado/a reflected
reflexión *f.* reflection
refrescar (qu) to refresh
regalar to give as a gift
regalo gift
regañadientes: a regañadientes
  grudgingly
registrar to register
regla rule
regresar to return
regreso return; (**viaje**) (*m.*) **de**
  regreso *adj.* return (trip)
reinar to reign
reino kingdom
reírse (i, i) to laugh
relación *f.* relationship

relacionado/a related
relato story, narrative
reliquia relic
repasar to review
repetir (i, i) to repeat
repleto/a full
representado/a represented
requerir (ie, i) to require
reseña review
residir to reside
resistir to resist
respirar to breathe
responder to answer
respuesta answer
resultado result
resumen *m.* summary
retrovisor: espejo retrovisor
    rearview mirror
reunión *f.* meeting
reunir (reúno) to meet
revelador(a) revealing
revelar to reveal
revista magazine
revivir to revive
rey *m.* king
rico/a rich
ridículo/a ridiculous
rincón *m.* corner
río river
riqueza wealth
rito rite, ritual
rodear to surround
rojo/a red
romper (*p.p.* roto/a) to break
ropa clothing
rostro face
rubio/a blond(e)
ruido noise
rumbo a bound for
ruta route

saber (*irreg.*) to know; saber a to
    taste like
sabor *m.* flavor
saborear to savor

sabroso/a tasty
sacar (qu) to take out, get out
sacerdote *m.* priest
saciar to satiate, satisfy
sacrificar (qu) to sacrifice
sacrificio sacrifice
sagrado/a sacred
sala room
salir (*irreg.*) to go out, leave
salón *m.* drawing room, reception
    room
salsa sauce
saltar to jump
salud *f.* health
saludable healthy
saludar to greet
salvar to save
san, santo/a saint
sandalia sandal
sangre *f.* blood
sartén *f.* frying pan
satisfacer (*like* hacer) (*p.p.*
    satisfecho/a) to satisfy
satisfecho/a (*p.p. of* satisfacer)
    satisfied
seco/a dry
sed *f.* thirst
seguir (i, i) (g) to continue; to
    follow
según according to
segundo second (*measure of time*)
seguridad *f.* security
seguro/a sure, certain
semana week
semilla seed
sencillo/a simple
sentarse (ie) to sit down
sentencia sentence, judgment
sentido: tener (*irreg.*) sentido to
    make sense
sentir(se) (ie, i) to feel
seña sign, signal
señalar to point out, point at
señor *m.* Mr., sir
señora Mrs., ma'am

separado/a separated
ser *m.* being
ser (*irreg.*) to be; **llegar a ser** to become; **o sea** that is
serie *f.* series
serpiente *f.* serpent
servir (**i, i**) to serve
sí: claro que sí *interj.* of course
sí mismo/a oneself
siembra sowing, sowing season
siesta afternoon nap
significado meaning
significar (**qu**) to signify, mean
siglo century
siguiente following
silencioso/a quiet
silla chair
simbolizar (**c**) to symbolize
símbolo symbol
simplicidad *f.* simplicity
sin without; **sin duda** undoubtedly; **sin embargo** however, nevertheless
sino but (rather)
siquiera: ni siquiera not even
sirviente/a servant
sitio place
sobre on, on top of; about; **sobre todo** especially, above all
sobrino/a nephew/niece
sol *m.* sun
soldado soldier
soledad *f.* solitude
soler (**ue**) to be in the habit of
solo/a alone; single
sólo only; **con sólo mirar** just by looking
soltero/a single, unmarried
sombra shadow
someter to subdue
sonido sound
sonreír (**i, i**) to smile
sonrisa smile
soñar (**ue**) (**con**) to dream (about)
sopa soup

soportar to endure, put up with
sorprender to surprise
sorpresa surprise
sospechar to suspect
sostener (*like* **tener**) to hold up, support
su *poss. adj.* his, her, its, your (*form. sing., pl.*)
suave smooth, soft
súbdito/a subject, citizen
subir to go up; to get into (*vehicle*)
subyugar (**gu**) to subjugate
suceso event
sucio/a dirty
sudor *m.* sweat
suelo floor
sueño sleep; dream; **tener** (*irreg.*) **sueño** to be sleepy
suerte *f.* luck; **por suerte** luckily; **tener** (*irreg.*) **suerte** to be lucky
sufrimiento suffering
sufrir to suffer
sugerir (**ie, i**) to suggest
sujetar to hold, grasp
superficie *f.* surface
supermercado supermarket
suponer (*like* **poner**) to suppose
supuesto: por supuesto of course
sur *m.* south
susurrar to murmur, whisper
susurro whisper

tal such, that
tampoco neither, not either
tan so
tanto *adv.* so much; **mientras tanto** meanwhile; **un tanto** somewhat, a bit
tanto/a *adj.* so, so much; *pl.* so many
taparrabo loincloth
tardanza tardiness
tardar to take a long time; **tardar... en** + *inf.* to be or take (*period of time*) to (*do something*)

tarde *adv.* late; **más tarde** later; **se hace tarde** it's getting late; **tarde o temprano** sooner or later
tarde *f.* afternoon; **por la tarde** in the afternoon
taza cup
teatro theater
techo roof
teja roof tile
tela cloth
tema *m.* theme
temblar (**ie**) to tremble
temblor *m.* tremor
temer to fear
templo temple
temprano early; **tarde o temprano** sooner or later
tender (**ie**) to spread out
tener (*irreg.*) to have; **tener...**
  años to be . . . years old; **tener frío** to be cold; **tener ganas de** + *inf.* to feel like (*doing something*); **tener hambre** to be hungry; **tener miedo** (**de**) to be afraid (of); **tener que** + *inf.* to have to (*do something*); **tener razón** to be right; **tener sentido** to make sense; **tener sueño** to be sleepy; **tener suerte** to be lucky
tercer, tercero/a third
terminar to finish
terreno terrain, land
tesoro treasure
testigo witness
ti *obj. of prep.* you; **pobre de ti** poor you, you poor thing
tibio/a warm
tiempo time
tierno/a tender
tierra land; ground
tiesto flowerpot
tigre *m.* tiger
tío/a uncle/aunt
típico/a typical
tipo guy, character; kind, type

tirar to throw
título title
tobillo ankle
tocar(se) (**qu**) to touch
todavía still; **todavía no** not yet
todo/a all; **sobre todo** especially, above all
tolerar to tolerate
tomar(se) to take; to drink; to eat; **tomar una decisión** to make a decision
tomate *m.* tomato
tono tone
tortilla (*Mex., Central Amer.*) tortilla (*round, flat bread made of corn or wheat flour*)
torturar to torture
tostón *m.* deep-fried plantain slice
trabajar to work
trabajo work
traducir (*like* **conducir**) to translate
traer (*irreg.*) to bring
traición *f.*: **a traición** treacherously
traje *m.* suit; costume
trama plot
tranquilidad *f.* tranquility, peace
tranquilo/a calm, peaceful
transportar to transport
trasfondo background
trastornar to upset, disturb; to make dizzy
tratar de + *inf.* to try to (*do something*)
través: a través de through
trayecto journey
tremendo/a tremendous
tren *m.* train; **estación** (*f.*) **de tren** train station
trenza braid; tress
tristeza sadness
triunfo triumph
trono throne
tu *poss. adj.* your (*fam. sing.*), (of) yours (*fam. sing.*)
tubo pipe

túnel *m.* tunnel
tuyo/a *poss. adj.* your (*fam. sing.*), (of) yours (*fam. sing.*)

últimamente lately
último/a last; **por último** finally
único/a only; unique
uniformado/a in uniform
uniforme *m.* uniform
unir to unite
universidad *f.* university
universo universe
uno: el uno al otro to each other
untar to smear; to apply (*ointment*)
usar to use

vaca cow
vacaciones *f. pl.* vacation
vacío/a empty
vagabundo/a vagabond, vagrant
valer (*irreg.*) to be worth; **valer la pena** to be worthwhile
valiente brave
valle *m.* valley
valor *m.* worth, value
vano: en vano in vain
variado/a varied
variedad *f.* variety
varios/as various; several
varón *m.* male
vecino/a *n.* neighbor, *adj.* neighboring
vehículo vehicle
vela candle
vencer (**z**) to win, be victorious
venda bandage
vendedor(a) salesperson
vender to sell
venir (*irreg.*) to come
ventaja advantage
ventana window
ventanilla train window
ver (*irreg.*) (*p.p.* **visto/a**) to see; **a ver** let's see; **verse** to be seen; to look, appear

verano summer
veras *f. pl.* truth; **de veras** really
verdad *f.* truth; **de verdad** truly, really
verdadero/a true
verde green
vestido dress
vestirse (**i, i**) to get dressed
vez *f.* (*pl.* **veces**) time; **a veces** sometimes; **de vez en cuando** once in a while; **otra vez** again
viajar to travel
viaje *m.* trip; **hacer** (*irreg.*) **un viaje** to take a trip
vicio vice
víctima *f.* victim
viejo/a *n.* old person; *adj.* old
viento wind
vino wine
violencia violence
Virgen *f.* Virgin Mary
visitar to visit
vista view
visto/a (*p.p. of* **ver**) seen
viviente living
vivir to live
vivo/a alive; living; lively, bright
volar (**ue**) to fly
volcán *m.* volcano
volver (**ue**) (*p.p.* **vuelto/a**) to return
voz *f.* (*pl.* **voces**) voice; **en voz alta** aloud
vuelta turn
vuelto/a (*p.p. of* **volver**) returned
vuestro/a *poss.adj.* your (*fam. pl. Sp.*), (of) yours (*fam. pl. Sp.*)

y and
ya already; **ya no** no longer

zona zone

About the Author

Elías Miguel Muñoz is a Cuban American poet and prose writer. He has a Ph.D. in Spanish from the University of California, Irvine, and he has taught language and literature at the university level. He is coauthor of the textbook *Dos mundos* and the author of *Viajes fantásticos* and *Ladrón de la mente*, titles in the Storyteller's Series of Spanish readers. Dr. Muñoz has also published two books of literary criticism, four novels, and the poetry collections *En estas tierras/In This Land* and *No fue posible el sol*. His stories, memoirs, and essays have appeared in numerous anthologies of U.S. Latino literature. The latest work of fiction by Dr. Muñoz is the novel *Brand New Memory*. After living in California, Kansas, and Washington, D.C., the author decided to put down roots in New Mexico, where he resides with his wife and two daughters.